李强·著

红袖添香夜读书

北宋文人往事

人民文学出版社

图书在版编目（CIP）数据

红袖添香夜读书：北宋文人往事/李强著. —北京：人民文学出版社，2016
ISBN 978-7-02-011460-3

Ⅰ. ①红… Ⅱ. ①李… Ⅲ. ①文人—生平事迹—中国—北宋 Ⅳ. ①K825.4

中国版本图书馆 CIP 数据核字(2016)第 036746 号

责任编辑 葛云波
装帧设计 黄云香
责任印制 史 帅

出版发行 人民文学出版社
社　　址 北京市朝内大街 166 号
邮政编码 100705
网　　址 http://www.rw-cn.com

印　　刷 三河市鑫金马印装有限公司
经　　销 全国新华书店等

字　　数 210 千字
开　　本 880 毫米×1230 毫米 1/32
印　　张 9.625 插页 5
印　　数 1—6000
版　　次 2016 年 6 月北京第 1 版
印　　次 2016 年 6 月第 1 次印刷

书　　号 978-7-02-011460-3
定　　价 28.00 元

北宋人物图（台北故宫博物院藏）

秋窗读易图（南宋刘松年）

槐荫消夏图（宋佚名）

南唐文会图（宋赵昌，故宫博物院藏）

目　录

陶穀：一场风花雪月，两篇乱世文章

文学奇才的乱世攻略　5

一场风花雪月背后的暗战　13

天才的隔壁是天真　20

李昉：从孤傲书生到太平宰相

“独不朝”的硬文人　30

“科场舞弊”案的真相　36

“善人君子”笨书生　42

徐铉：生活在别处的江南才子

书生的“冷疾” 50
特立独行的冷暖人生 54
狂澜既倒前的坚持 58
唐宋文学的暮鼓晨钟 63

柳开：男儿本自重横行

书生本色是剑客 72
扶摇谁借东风力 77
囊中雄文君识否 82

王禹偁:草根文人的“大宋梦”

贫家子弟 文坛巨擘 90
八年三黜 不屈其道 94
乐推后进 道义相交 100
三入紫垣 两袖清风 104

杨亿:“盛世”里的忧郁诗人

一次别有意味的考试 115
“神童”背后的盛世梦 120
御用文人的幸福生活 125
西昆“何其体” 130

晏殊:神童、宰相和富贵闲人

“讲真话”的神童 138
宦海浮沉都和一个女人有关 145
君子在其位,不在其时 151

苏舜钦:沧浪亭边的孤独酒客

“文学美男” 165
生命不能承受之重 171
宁折不弯的孤节 176
三个教训 180

欧阳修：幸福的文学青年

曾是洛阳花下客　188
裁书数幅责司谏　193
庐陵事业起夷陵　198

王安石："拗相公"和他的三个朋友

"临风想望"欧阳修　208
"游处相好"司马光　215
"与公同心"吕惠卿　221

苏轼:人生到处知何似,应似飞鸿踏雪泥

"十一人者何人也" 232

"轼若为滂,母许之否乎?" 235

莫道登科难,小儿如拾芥 238

为官一任,造福一方 243

身如不系之舟 247

大相国寺,那些北宋文人的身影

书摊 256

文人墨宝 259

奇迹 264

大相国寺的背影 268

附录 北宋开国百年时事简表 272

后记 298

陶穀：一场风花雪月，两篇乱世文章

作为大宋王朝的第一任翰林学士，陶穀名满天下、谤满天下。他的一生背负着很多罪名—— 忘恩负义、卖主求荣、贪图美色，就连他的长相也成了他的错，人们因不喜欢他那一双深邃的眼睛，甚至编造出“鬼眼”的故事来诋毁他的人品。北宋尚文，在这样一个文人生活的理想时代，陶穀却收获了一箩筐的诽谤。他究竟做错了什么，竟然让后人如此非议？我们无法裁判千年前的是是非非，但即使是不公正的历史资料也会泄露真相。我们尝试穿越层层积淀的历史常识，去还原一个真实的陶穀，一个看起来不仅不讨厌，甚至还有那么点可爱的大宋第一文人。

《红楼梦》第四十一回里说，大观园修好了，贾母兴之所至，带着刘姥姥和一大群丫环、婆子到园子里游玩，不知不觉间来到了妙玉的栊翠庵。妙玉大献殷勤，特意用“旧年蠲的雨水”为贾母烹了一杯“老君眉”。就在众人喝茶聊天的当口，妙玉暗地里“把宝钗和黛玉的衣襟一拉”，三人竟躲到耳房里偷偷吃起了“梯己茶”。黛玉问，这茶是不是也用“旧年雨水”所烹？结果竟然遭到妙玉的讥讽：

> 妙玉冷笑道：“你这么个人，竟是大俗人，连水也尝不出来。这是五年前我在玄墓蟠香寺住着，收的梅花上的雪，共得了那一鬼脸青的花瓮一瓮，总舍不得吃，埋在地下，今年夏天才开了。我只吃过一回，这是第二回了。你怎么尝不出来？隔年蠲的雨水那有这样轻浮，如何吃得。”

在《红楼梦》里，黛玉是何等冰雪聪明的人物，居然在品茶上被妙玉大大取笑了一番。用陈年雨水，已然别致，而煮雪烹茶，更是地道的文人雅趣，更何况用的居然是极难罗致的梅花雪！妙玉虽然在烹茶上胜了黛玉一筹，但这种高雅的饮茶方式，却并非她的发明，而是首创自一个大名鼎鼎的文人，此人就是大宋第一文人陶穀。

陶穀(903—970),字秀实,邠州新平(今陕西彬县)人,大宋王朝第一位翰林学士。宋代的文人何止成千上万,本书为什么非要从一个几乎被历史遗忘的“宋人甲”开始呢?读者诸君,请听我细说其中的道理。话说“陈桥兵变”当天,赵匡胤逼迫后周小皇帝把皇帝宝座“禅让”给自己,做戏做全套,既然是“禅让”,就得有禅让的文件,将来也好糊弄一下历史。当时后周小皇帝的这封“禅位诏书”,就是陶穀所写。兵变第二天,赵匡胤的大宋政权就开始正式运作了。新朝开张,总要昭告一下天下啊,于是陶学士再接再厉,又替赵匡胤写了一篇“登极赦文”。二十四小时之内接连发表两篇重要文章,一篇宣告“五代乱世”的结束,一篇宣告“大宋盛世”的开启,两篇文章都出自陶穀之手,他在宋朝文人史上的地位还用得着怀疑吗?后来他又连续担任了大宋王朝开国头十一年的翰林学士,在宋初文坛有着巨大的影响力。所以说陶穀是“大宋第一文人”,一点也不过分,讲北宋文人故事,当然不能绕过陶学士,更何况他还是“煮雪烹茶”这种行为艺术的原创者。

文学奇才的乱世攻略

陶穀其实本来并不姓陶，而是姓唐。他们唐家自隋唐以来，还算是高门大户。晚唐大诗人唐彦谦，那是他的祖父。他的父亲唐涣有着夷州刺史的官衔，也算得上是厅局级干部。如此说来，他们家是典型的书香门第，陶穀本人也是地地道道的官二代。

但晚唐五代是军阀的天下，拳头硬才能混得下去，唐刺史显然还不具备这个条件。我遍查官私史志，到底也没弄清楚究竟是什么缘故，这唐刺史就被一个叫杨崇本的军阀给杀害了。作为一个在乱世中混日子的军阀，杀个把厅局级干部是不需要什么理由的，但匪夷所思的是，年幼的陶穀竟然和母亲从此寄身于杨崇本的屋檐下，这又是从何说起？《宋史》本传的原话是陶穀“随母柳氏育崇本家”，不要小看这八个字，这里面大有商机，可以让我们的网络大神、天才编剧们至少八卦出几十集凄婉哀怨、励志催泪的历史“正剧”来。我没有这么大的本事，仔细捋了捋这八个字，揆之常情，只能得出这样的结论：在杀父仇人手底下讨生活，小陶同学的童年时代十有八九并不幸福，比贾府里“不肯轻易多说一句话，多行一步路”的林黛玉，还要再陪上十二分的小心。记住这一点很重要，童年的苦难经历可以解释他成年后的行为，这可是精神分析学大师弗洛伊德说的。

看起来注定要做受气包、“小白菜”的小陶同学，其实过得可能没有想象中的那么悲摧，我们无法解释他的杀父仇人杨崇本出于什么目的，竟然让他受到了良好的教育。我们也不必太在意小陶穀面对杨崇本时，是否会有仇人与恩主的情感纠葛，杨崇本的儿子杨彦鲁替我们解决了这一问题：大约在陶穀八九岁的时候，杨彦鲁把自己的老爸给毒死了。站在小陶同学的立场，其实这杀父之仇已经被消解了。读者诸君，请千万不要觉得这事情多么诡异、不经，其实晚唐五代这种事情多了去了，还记得张艺谋的视觉大片《满城尽带黄金甲》吗？演的正是这种乱局——丈夫毒杀妻子，儿子背叛老子，乱世之乱，还不在于乱兵、乱政，而在于乱了礼义廉耻、乱了人伦纲常。

我们先按下杨家的鸡飞狗跳不表，继续说主人公陶穀。杨崇本被杀了，而陶穀却好端端地活了下来，这不能不说是一个奇迹，这个奇迹是如何发生的，依然是个充满商机的话题，我们还是留给需要它的人。根据史料所能断定的是，陶穀不仅活着，而且在几年后竟然有了“小神童”的美誉：他十几岁就已经能写一手好文章了，这在五代乱世中真是很难得的事情。那个时候长得壮一点的，像后周太祖郭威、宋太祖赵匡胤这样五大三粗的汉子，早就去想办法到军队里混了，这是一个崇拜“暴力美学”的时代，实力决定权力；长得弱一点，又没权没势的，最佳选择是去练好长跑功夫，时刻准备着逃命——跑得快可是乱世生存的第一攻略。

既苦大仇深，又生逢乱世，这样都能风声雨声读书声，修炼成少年学霸，这小陶同学大概是有些天才的。

文人能凭着自己的本事实现梦想，既不靠拼爹，也不靠体育加分，这种事儿是从宋朝第二代皇帝宋太宗时开始变成可能的，五代文人可没有这种幸运。书读得再好也不一定能找到好工作，如果没有在上位的大贵人拉一把，想在五代的仕途上出头，成功几率无限接近于零。陶穀虽然成名较早，但直到三十多岁，还是在基层岗位上挨日子，做着“单州军事判官”这样的芝麻小官。直到三十四岁那年，史上著名的“儿皇帝”石敬瑭建立了后晋，人到中年的陶判官也迎来了他人生从里到外的大变化。

为什么这么说呢？后晋时代陶穀顺应潮流、抓住机遇，做了两件事情：第一，为了避“儿皇帝”石敬瑭的名讳，陶穀从此不姓唐了，改姓陶；第二，他傍上了后晋宰相李崧，在李宰相的抬举下，这位改了姓的小地方官从此平步青云，仕途上一帆风顺，很快当上了“知制诰”。“知制诰”这个官儿大家可能不太熟悉，其实和“翰林学士”差不多，都是专门替皇帝合法代笔的高级秘书。细分下来，二者分管代笔的具体内容是有差别的，“知制诰”主要写一般官员的任免令和其他一般性的诏令，简称“外制”。酸文人喜欢转文，明明是这么个官职，有时候却装得低调一点，不直接说当了“知制诰”，就说做了“三字”，“知制诰”可不就三个字儿吗？所以“三字”也可以说是“知制诰”的别称。“翰林学士”呢，任务相对重大一些，通常只写宰相任免诏书和涉及重大政治事件的皇帝诏命，简称“内制”，民间喜欢简称为“翰林”，倒是从来没听说有人叫“四字”。“翰林学士”是文人之极选，工资虽然不高，但是极有声望，宋代重文轻武，“翰林学士”经常是宰相的后备人选。通常这内外两制的活计是分开的，各有自己的一亩三分地，井水不犯河水。

石敬瑭当上“儿皇帝”后，大概觉得文人太多了也没什么用处，不就替我代个笔吗？还要分什么内外，真是多此一举啊！陶縠这厮很拎得清，文章写得漂亮，又有宰相老李的推荐，干脆把“翰林学士”和“知制诰”的活儿都承包给他一个人办得了，不设“翰林学士”岗位，还能节省一个编制、少发一份工资呢！石敬瑭精简机构或许有他的小算盘，但对陶縠来说，确实获得“连带收益”，虽然工作累了点，但却有了在领导跟前大展身手、大炫其技的机会。石敬瑭是军阀出身，本来就没读过几本书，再加上他又是个沙陀人（说起来也是“胡人”的一支），汉语其实并不是他的母语，文章能让这种读者喜欢，的确不是件容易事。这就好比对牛弹琴容易，让牛叫好确实困难。但这难不倒陶“翰林”兼“三字”，他的文章通俗易懂、深入浅出，非常称老板石敬瑭的意。石敬瑭完蛋后，他的侄子石重贵接着当皇帝，也同样十分看重陶縠的文字。后晋是五代第三个政权，国祚不算长，一眨眼就从历史上谢幕了。但陶縠却没有谢幕，在后晋朝廷身兼“两制”的经历，奠定了他在中原文坛的“一哥”地位，朝代换来换去，陶縠却越来越火。

后晋接下来是后汉、后周。虽然文人在五代并不是很值钱，但陶縠毕竟是中原王朝有名的大手笔，有点真本事的人无论到了哪朝哪代，都不会混得太差。当然了，仕途上的小风小浪总是难免，没有点坎坎坷坷的经历，又怎么好意思自称“臭文人”呢？相比较其他文化人来说，陶哥的日子大体还算幸福。有人说他的生活智慧可能来自人生早期的磨练，的确很有道理——从小生活在杀父仇人的强大阴影下，没有点超乎常人的生活谋略，他怎么能熬到自己出头的那一天？陶榖是个生活达人应该没问题，不过历史上留下了一些对他不利的记录，让他大文豪的名声一落千丈，这是为了什么呢？

根据宋人记载，后汉时期，陶榖的恩主李崧倒了大霉，陶榖不仅没有施以援手，反而借机落井下石——真是禽兽不如啊！如果史料记载真实的话，他的这种违背官场潜规则的行为是不可原谅的，就算你拿着悲惨的童年来说事儿也不成。据宋人称，事情的经过是这样的：后晋皇二代石重贵上台后，契丹皇帝耶律德光自动升格——由“爹皇帝”升成了“爷皇帝”。石重贵虽然也算是个没用的“二代”，但他有一点儿比石敬瑭强，那就是多少还算有些骨气，不太买耶律德光的账。“爷皇帝”当然看不得“孙皇帝”不听话，干脆出兵把后晋给灭了。耶律德光毕竟是一代雄主，他认识到人才是国家之根本，因此从中原被迫撤退的时候，掳走了后晋朝廷的文武官员，这里面当然就包括李崧和陶榖。但这位陶哥比较机灵，在路上瞅准机会跑到一座庙里，搞了一身普通老百姓的衣服，披散开头发，假充带发修行的僧人躲过辽兵盘查，千辛万苦又跑回汴梁，投奔刘知远新成立的后汉政权。而李崧养尊处优的，没有陶榖腿脚利索，再加上耶律德光钦点了李崧的名，声称“吾破南朝，得崧一人而已”，李崧成了重点看管对象，化装成和尚逃跑这一招不灵了，因此他只得跟着契丹人往北走。后来辽兵全线溃败，李崧才终于有机会和另一位大臣——五代“不倒翁”冯道返回汴梁。

这个时候中原已经是后汉王朝了。后汉皇帝刘知远本来是石敬瑭的大将，和李崧曾同在后晋朝廷为臣，刘知远一直怀疑李崧当权时压制过自己，二人间早就种下不和的种子。再加上李崧深受耶律德光的赏识，虽然作为乱世文臣的李崧没得选择，但还是被新成立的后汉政府划入叛臣之列，他在汴梁的房产也被刘知远赐给宠臣苏逢吉了。据说李家房子的地底下埋了好多不明资产，新房东苏逢吉因此发了大财。李崧逃回汴梁后，两手空空、穷途末路，又不能指望从新皇帝刘知远那里得到什么好脸色，所以日子过得非常狼狈。远房侄子李昉前来拜访他，他问李昉，最近朝廷上有没有关于自己的议论。李昉说别的倒没什么，就是陶穀经常在大庭广众下诋毁您老人家。李崧听了之后很生气，真是墙倒众人推，人走茶就凉，陶穀这个忘恩负义的东西，要不是当年我提拔他，他现在八成还在地方上沉着呢！如今出息了，竟然学会忘本了！更不可思议的是，后来李崧获罪被满门抄斩，陶穀见到李昉时，竟然主动向李昉交代说：“李氏之祸，穀出力焉。”意思是，你们老李家倒了大霉，我可是使了不少坏水呢！如果史料记载属实的话，这种沾沾自喜的不打自招，还真是奇葩得可以。

陶穀在大庭广众之下诋毁自己的仕途领路人李崧，或许是为了与所谓“叛臣”划清界限，以求自保，说起来也无可厚非；也可能是他真的看不起李崧的投降行为，痛恨自己当年跟错了人、站错了队，逮住机会向新老板表白一下，这也说得通。无论出于什么原因，他这样做虽然不太厚道，但也说不上太无耻。中唐时期的京兆尹李实在仕途上拉过大文豪韩愈一把，韩愈出头后很快就向皇帝参了李实一本，把李实痛批了一番。这都是白纸黑字有证据的，也没有人骂韩愈是忘恩负义的小人。“吾爱吾师，吾更爱真理”说起来还是美德呢，“潜规则”这个东西遇到书生往往会失效，这在历史上不是什么怪事。这个问题我们不去纠缠，现在的问题是，就算陶穀真的当众批评李崧是投降派，他也不至于脑残到向李昉坦白害过李崧全家吧？李崧遭到灭族的命运，后汉宰相苏逢吉是罪魁祸首，作为文学侍从之臣的陶穀，究竟能起多大的作用？考虑到陶穀和李昉之间一直存在着矛盾，李昉在大宋成立后的前十几年郁郁不得志，而且陶穀还曾经当着宋太祖的面弹劾过李昉，我们在采信李昉对陶穀的评价时，一定要备加小心。这就好比我们想了解狼外婆的狼品如何，不能只听小红帽的意见，也应该听听狼外公和狼外孙怎么看。不过，那些不喜欢陶穀的人是不屑于考虑这一点的，他们依然愿意根据李昉的一面之词，把陶穀钉在忘恩负义的耻辱柱上，这倒是一桩值得深思的怪事。

后汉政权更短，连眨个眼都来不及就沉到历史深处了，接下来是后周。陶穀在后周世宗时期，又当上翰林学士。不过他没想到的是，即使改朝换代，他再也没有离开过翰林学士这个岗位，硬生生地干到死而后已。周世宗柴荣是后周开国皇帝郭威的干儿子，他刚一上台，北边的宿敌辽国和北汉就联手来犯，他皇帝的位子还没坐热，就不得不御驾亲征，和辽汉联军进行了一次大对决。这次对决的结果是周世宗凭借着禁军部队的出色发挥，侥幸赢得了胜利，把北汉打得服服帖帖（这一段故事请参阅拙著《陈桥驿梦：赵匡胤传》，人民文学出版社）。战事结束后，周世宗有点自我膨胀，常以平定天下为己任，因此瞅机会要求大臣们写命题作文，谈谈怎样才能把国家建设好。根据史料记载，有二十多个大臣撰写了《为君难为臣不易论》、《平边策》交上来。五代文人整体素质比宋代文人可差远了，一大堆文人中确实找不出几个有真知灼见的。大部分人命题作文写的都是"修文德、来远人"这种陈词滥调，这样的"真理"虽然放之四海而皆准，但对结束五代乱世却毫无用处。陶穀和其他三名大臣的文章却和大家不同，他们敏锐地指出当时一切工作的重中之重——武力解决江淮问题，断了南唐统一中原的念想，解除来自南方的威胁。周世宗读到陶穀等人的文章大喜过望，这偌大的朝廷到底有那么几个明白人！自己早就想对南唐动手了，这下子总算找到知音了，这让周世宗更坚定了平定江南的决心。

大概就在这样一个背景下，陶穀作为后周的使臣，出使南唐。他这次出使冠冕堂皇的理由是前往南唐誊录六朝史书，而真实的目的却是作为后周的高级间谍，前去刺探南唐的政治经济情报，为后周和南唐将来开战先做好功课。

没想到陶穀这一去，竟给自己惹了一场大麻烦。

一场风花雪月背后的暗战

明朝大才子唐伯虎曾画过一幅画，叫作《邮亭赠诗》。画上有两个人物，左侧一个古装美髯大叔，正坐在榻上听画面右侧的美女弹琵琶。美髯大叔的右手随着音乐的节奏轻轻拍打着膝盖，一副陶醉其间、悠然自得的神情；而那位演奏琵琶的美女，虽然艳若桃花，但看起来总有些面色凝重、心事重重。画面的右上角有唐伯虎亲题的一首小诗：

一宿因缘逆旅中，短词聊以托泥鸿。
当时我做陶承旨，何必尊前面发红。

诗中的"陶承旨"，就是陶穀，即画上那位美髯大叔。画面表现的内容，其实正是他出使南唐时的一桩大绯闻。陶穀彼时已经是名满天下的大文豪，再加上代表强势的中原王朝出使南朝小邦，因此高调得不得了。到了南唐，他特别爱摆谱，每次南唐君臣宴请他，想和他拉拉近乎，他总是在酒席上板着脸坐着，一副拒人千里之外的臭德行。南唐君臣说个笑话想暖暖场活跃活跃气氛，他也从不配合，生怕笑一笑会死，结果搞得主人很没趣。南唐当时的宰相是韩熙载，据说就是著名的《夜宴图》里面的主人公。这位韩宰相也是一个恃才傲物、目无余子的臭文人，虽说是屈居江南一隅，做了南唐小朝廷的宰相，但好歹也是个东道主人，俗话说客大不欺主，你陶穀是何等人物，竟然如此小瞧我们江南才俊？于是韩熙载跟身边的亲信们商议，决定实施“钓鱼”战术，给陶穀来一出“美人计”，抓住这位傲慢使者的小辫子，人为制造一场八卦绯闻，狠狠黑陶穀一把，看他还敢不敢嘚瑟！

毒计已然商定，韩熙载这边就开始出招运作了。陶穀不是名义上来南唐借书抄录吗？那时候抄书这活是比较耗时间的，三五部书，没有个一年半载的抄不完，不像现在，网站上这么轻轻一点击，整部书就给它“荡”下来了。工作时间长，参加派对又耍大牌，生活没有乐趣、心灵缺少抚慰，陶穀孤身一个人住在南唐的政府招待所里，难免经常感到寂寞。元代人戴善夫有一部杂剧《陶学士醉写风光好》，其中第一折有这样一段剧情：百无聊赖、有点性苦闷的陶穀在墙壁上题写了十二个字：“川中狗，百姓眼，虎扑儿，公厨饭。”韩熙载不仅是文学高手，还是个一流的密码破译员，他一看这十二个字儿就立刻猜破陶穀的心思：“川中狗”是“獨”（独）字，左边是个反犬旁，右半边是“蜀”字，蜀即四川，这“川中狗”可不就是个“独”字吗？“百姓眼”，是“眠”；“虎扑儿”，是爪子和孩子相连，那是个“孤”字；而“公厨饭”是官家做的饭食，这是个“館”（馆）字。这十二个字破译出来就是“独眠孤馆”——显然是陶学士动了春心了。

当然元杂剧进行了艺术加工，这种文字游戏叫“隐语”，戏剧中常常用来制造演出效果。具体到陶榖的这十二字“隐语”，最早出自宋人刘斧的野史笔记中，和陶榖并没有关系，只不过元人把这件事安到他身上罢了。陶榖写隐语“独眠孤馆”这件事不靠谱，但他耐不住羁旅寂寞倒是真的。韩熙载偷偷地把陶榖住的官方旅社当成“钓鱼网站”，派了一个叫秦弱兰的歌女当诱饵，设下局子引陶大使上钩。话说这风尘女子秦弱兰伪装成宾馆保洁员，穿着简简单单的地摊服装，每天一早一晚在陶榖跟前晃悠几次，装模作样地擦擦桌子扫扫地，一副邻家女孩的做派。不过秦妹妹毕竟受过专业训练，就算她素面朝天、破衣烂衫，还是掩饰不住那份骨子里透出的妩媚，举手投足之间，风情万种，不由地让人心生爱怜。陶特使本来就是个性格浪漫的文人，又在外单身这么久，哪里能抵挡住这种致命的诱惑？于是找个机会，他就主动和秦妹妹搭讪。秦妹妹骗他说，自己是旅舍管理员的女儿，已经结婚了，但是丈夫不幸去世，自己没有依靠，只好回娘家帮父母做事，胡乱混口饭吃罢了。陶榖这么一听，秦妹妹也是位饱经生活磨难的人，这真是“同是天涯沦落人，相逢何必曾相识”，两个人的关系瞬间发生质变，陶榖终于“犯了天下男人都会犯的错”。

音乐是中国古代文人的必修课，作为当世大文豪的陶榖，音乐修养应该也不低。而秦妹妹本来就是一个歌女，对于独在异乡为异客的陶榖来说，能够结识她这么一位善弹琵琶、能解风情的花样女子，那真是天赐良缘。唐伯虎画的那幅《邮亭赠诗》正反映了陶、秦二人彼时的情态。对陶榖而言，能在他乡羁旅中，得此红颜知音，可谓人生之幸事；而秦弱兰则不同了，她只不过作为一颗棋子被摆布到人生的棋盘上，对她而言，谈感情、谈心灵都是非常奢侈的事情。文人和歌女之间产生情爱关系，在中国古代算不得什么大不了的事儿，古人对明星绯闻的容忍程度，远远超乎我们的想象。但是为什么人们就不能容忍陶穀的这段美丽邂逅呢？我们还是来看记载这一事件最早的史料吧，郑文宝的《南唐近事》记道：

> 陶穀学士奉使，恃上国势，下视江左，辞色毅然不可犯。韩熙载命妓秦弱兰，诈为驿卒女，每日弊衣持帚扫地，陶悦之，与狎，因赠一词名《风光好》，云："好因缘，恶因缘。只得邮亭一夜眠，别神仙。　　琵琶拨尽相思调，知音少。待得鸾胶续断弦，是何年？"明日，后主设宴，陶辞色如前，乃命弱兰歌此词劝酒。陶大沮，即日北归。

这条材料的可信度应该是很高的。郑文宝虽然比陶穀年龄小，但毕竟还是生活在同一个时空下，不过或可值得怀疑的是，设宴招待陶穀的如果是后主李煜的话，那这事应该发生在大宋成立后。而此时韩熙载在南唐政治上已经属于过气人物了，只是忙着搞搞"夜宴"什么的。这一个疑问倒可以进一步考证，好在不影响本文主旨，此处姑且搁置不论。

快乐的时光总是很短暂，陶穀回朝复命的时间到了，纵有千般不舍，他总不能借出使之机拐一个友邦女人回朝，这怕是要引起外交纠纷的，就算人们对明星绯闻的容忍度再高，也不会允许这样的事情发生。就像《会真记》里张生抛弃了崔莺莺反而受到当时舆论称赞一样，见了、爱了、散了、想了、诗了，这才是一千多年前文人公认的爱情程序，其中“散了”几乎是必备的，“发乎情，止乎礼”，一切都OK。陶穀出访时间也不短了，是时候给这段驿馆情事画个句号了。通常情况下，故事到这里往往就要结束了，但陶穀毕竟是文人，文人一定会有文人的弱点，那就是多多少少总喜欢卖弄一下才学，特别是在心爱的女人面前。鬼使神差般地，陶大使提起笔来给秦妹妹写了一首词留念。按说留一首词也没什么，翻看一下唐宋词集，有几首不是写给女人的？其中“限制级”的作品多了去了。相比较而言，陶穀这首词虽然“只得邮亭一夜眠”之句，暗示着男女情事，但毕竟没有露骨的情节刻画，一点也不“三俗”。不过重要的问题是，陶穀现在代表的是中原王朝的政府，本人又是知名公众人物，那参加什么酒场、唱什么歌曲、写什么情诗，都应该格外小心了。感情的事儿尚可遮掩、抵赖，可这白纸黑字写就的情诗，那可是陶大使生活作风堕落的铁证，可惜正在兴头上的陶穀还没意识到这一致命失误。

大朝使者要回江北了，南唐的皇帝总要宴请送行，再次尽尽地主之谊。在酒席上，皇帝向陶穀敬酒，让人倒了一大杯给他喝，他却依然板着脸，拿腔拿调，摆出大朝使者的架子，居然不礼貌地拒绝敬酒。这还真是“敬酒不吃吃罚酒”，南唐皇帝马上祭出了自己的秘密武器——秦弱兰。此时的秦弱兰已经恢复了歌女身份，她衣着光鲜、雍容大方，一出场，满座惊艳。只见她轻启樱唇，唱了陶穀送她的那阕《风光好》，然后亲自来到陶穀座位前劝酒。陶穀一下子被眼前的事情雷到了，这个单纯而浪漫的文人，哪里知道政治的险恶？哪里知道绿茶的凶猛？他的自尊一下子被南唐君臣踩到脚下。没办法，只能故作豪气地哈哈大笑，以此来掩盖自己的慌张。当然了，这酒是不能不喝的了。南唐君臣早就忍了陶毂大半年了，好不容易等到这个机会，哪里肯轻饶了他？北宋僧人文莹这样记载陶毂当时的狼狈相：

> （陶）毂惭笑捧腹，簪珥几委，不敢不釂。釂罢复灌，几类漏卮，倒载吐茵，尚未许罢。
>
> ——《玉壶清话》卷第四

一杯一杯复一杯，既然把柄落在人家手里，陶毂说什么也不敢拒绝。到最后喝得颠三倒四、语无伦次，竟然狼狈到把人家皇帝家的地毯都给吐脏了，南唐这边依然还不肯罢休。如果陶毂的身份只是一个文人，这事儿也没有什么大不了的，顶多是一件文人雅事，那李白喝醉了酒还让高力士来脱靴、杨贵妃磨墨呢！但陶毂的身份是大国特使，这样做就有失天朝体面了。兔子不吃窝边草，但是人家窝边的草也是不能乱吃的。南唐君臣报了一箭之仇后，故意冷落陶毂，在他上路回中原的那天，只派了几个小官带着一壶酒饯行，根本不是对待大国使者的礼数。更要命的是，即使在旧媒体时代，陶毂那首《风光好》还是走得比他本人快得多，等到他回到汴梁时，《风光好》已经成为京城当年最流行的歌曲了，陶学士的绯闻也成了汴梁人民茶余饭后的时髦话题。

这件绯闻被北宋文人当作陶穀品格低下、轻浮无行的最大证据。实际上在我看来，陶穀确实在官场上不太受欢迎，但"无行"恐怕不是最主要的问题。特别是"邮亭赠诗"事件上，陶穀虽然行为的确不检点，但至少他是一片真情，况且他还是个受害者，更应该受到谴责的是那些卑鄙龌龊的南唐君臣。元、明以降的文人没有宋人那么刻薄，特别是唐伯虎并没有在画中把陶穀丑化成一个BT大叔，而是画得儒雅大方；他那首题诗，也明显有为陶穀鸣不平的意味——"当时我做陶承旨，何必尊前面发红"，不过是一场风花雪月的事，如果换做我唐伯虎，才不会感到有什么难堪呢！

天才的隔壁是天真

宋人不喜欢陶穀的原因有很多，他谄媚“儿皇帝”，他忘恩负义，他人品不端，其实这都是借口，这都是鸡蛋里挑骨头。陶穀在赵匡胤“陈桥兵变”的当天，预先替后周小皇帝写好禅位诏书，这是让他几乎身败名裂最主要的“罪状”。这件事情上的决策失误，使他既受到新主子的鄙视，也被广大假正经的文人所唾弃，十个弱兰妹妹也没有这么大的破坏力。大家都从陶穀预写禅位诏书事件上或多或少得到了好处——前皇帝柴宗训逃过了一再举行禅让闹剧的侮辱，新皇帝赵匡胤避免了虑事不周的尴尬，后周大臣们至少不用再费时费力地排一次队、山呼几次万岁了，而促成这一切的陶穀却为此背上了骂名，历史有时候确实不太公平。

为了搞清楚陶穀撰写“禅位诏书”事件的来龙去脉，我们还得把日历翻到后周显德七年正月初四（公元960年2月3日）。这一天对宋太祖赵匡胤来说是有生以来最为忙碌的一天，他要做出一连串重大决策，稍有不慎，就有可能使陈桥兵变已经取得的成果付之东流。老对头、侍卫司禁军主持工作的副司令长官韩通被杀了（后周禁军部队有两大系统，分别是殿前司和侍卫司，兵变前赵匡胤是殿前司的长官，韩通则掌管着侍卫司），整个汴梁城都姓了赵；接下来他还要会见后周一大堆政府要员，国家不可一日无主，自己虽然侥幸兵变成功，取代后周小皇帝已经是板上钉钉的事，但还有好多细节问题需要探讨，“名不正则言不顺”啊！人家后周的小皇帝已经服装、化妆到位，就等着粉墨登场配合僭位者赵匡胤演出“禅让”的好戏了，赵匡胤这边必须尽快进行角色转换，从一个反叛者变成一个前皇帝的顺民，“勉为其难”地接受前皇帝托付的天下。这一天的大部分时间都在忙忙乱乱中度过，到了下午三四点钟，文武百官总算召集得差不多，后周的小皇帝柴宗训也等在那了，准备按照惯例“禅位”，假装主动把皇帝的位子让给赵匡胤。但就在这个关键时刻，赵匡胤和后周大臣们才发现系统出错，禅位大典骤然死机，转不动了，他们忘了准备一份必不可少的官样文章——后周小皇帝的禅位诏书。

什么是“禅位”？就是上一任皇帝在“确信”或“被确信”自己没有能力掌管国家后，决定把皇帝的位子让给另外一个众望所归的继任者。这种事情在历史上发生的次数比较少，而且绝大部分有着宫廷斗争或军事政变的背景。比如曹丕在老爸曹操死后，逼迫姐夫汉献帝把皇帝的位子“禅让”给他，经过一系列繁文缛节的礼仪，曹丕终于当上了魏国的开国皇帝，做了多年傀儡的汉献帝也彻底完成了自己的历史使命。这个时候曹丕曾感慨道：“舜禹之事，吾知之矣！”舜和禹之间的无私禅让行为，被儒家经典吹捧得比天还高、比地还厚，但是亲手操作过一次禅让大典的曹丕终于整明白，这种所谓的“禅让”到底是怎么回事——哪里有什么“让”，还不都是实力决定魅力，作为决定座位！但是，明明知道“禅让”是一件谁都看不见的皇帝新装，大家还是要装模作样地把戏唱好，这才符合各方面的利益。既然要唱戏，当然少不了道具，而在这出戏中，“禅位诏书”就是最重要的道具，在后周小皇帝的禅位大典上，还就少不了这样一篇官样文章。有了它，大家一团和气，皆大欢喜；没有它，按说问题也不大，胜利者们在书写历史的时候，总归会把方的说成圆的，把死的说成活的，把哈罗·凯蒂说成哈利·波特。但是这事总归有些尴尬，总有些不完美，特别是对赵匡胤这样侥幸上位的篡权者。

就在这历史时针暂时卡住的微妙时刻，陶縠出现了。《续资治通鉴长编》这样记叙他出尽风头的一刻：

> 太祖诣崇元殿行禅代礼。召文武百官就列，至晡，班定，独未有周帝禅位制书。翰林学士承旨新平陶縠出诸袖中，进曰：“制书成矣。”遂用之。宣徽使引太祖就龙墀北面拜受。宰相扶太祖升殿，易服东序，还即位。群臣拜贺。奉周帝为郑王，太后为周太后，迁居西京。

还好有陶縠的袖子救驾，赵匡胤精心安排的禅位大典才没有闹出尴尬来。可以说没有陶縠预先藏在袖中的这份“禅位诏书”，赵匡胤当然还是能做上大宋的开国皇帝，但是宋朝的国祚至少要因此减少几个小时。历史上都认为陶縠是个绝顶聪明的人，但是无论怎么聪明，也改不了他的书生本质，实际上通过这次袖藏诏书事件，恰恰可以看出这位陶学士其实是个没有多少心机的人。后周皇帝要退位，这个诏书应该由翰林学士写，而陶穀适在其位，责无旁贷。因此他写这份诏书是没有问题的，问题在于他拿出来的时间不对。如果是个懂事儿的员工，最好不要等到老板糗了再跳出来救驾，特别是这项工作本来就应该自己做，老板恰巧忘了安排。这个时候如果你表现得脑子比老板更好使，就算你帮了他大忙，也不可能在他心目中留下重要的位子，这可是古今一理啊！陶穀是个聪明人，按说不会想不到这一节，但他毕竟还是个文人，缺乏政治家所具有的老谋深算。赵匡胤忙昏了头，后周三大宰相明哲保身，结果陶学士就这样傻傻地把早准备好的诏书献了出来，上赶着解了赵匡胤的燃眉之急，却没有做好谋身的打算，最终不仅使自己在历史上留下骂名，也被赵匡胤本人所鄙视。这里面的玄机，作为文人的陶穀，是无论如何也参不透的。

陶穀那点绯闻最早出自宋人笔记，因为宋人大都不太喜欢这个自作聪明的文坛“一哥”，记述此事的时候可能有些刻薄，事情的真实性是要打折扣的。但多条史料都提到陶穀预先写好“禅位诏书”一事，看来这件事情是绝对假不了的。前面的那件绯闻过于八卦，我们不做深入分析，后面这件预先写好禅位诏书的事件，因为关系着陶穀一生的声誉，我倒是觉得有辨析的必要。五代乱世中，“忠义”这个东西是最不值钱的，赵匡胤在禁军中疯狂扩张自己的实力，在禁军的去就决定天下姓氏的五代后期，赵匡胤的政治前途是完全可预期的。他还没发动兵变呢，后周除范质外的宰执大臣都纷纷示好，送钱的送钱、送房子的送房子，无钱无房可送的，就忙着和他结亲家。“陈桥兵变”一发生，用了半天时间，整个后周在朝文武官员都集体投降了，成了赵匡胤的顺民（有一个人除外，他就是我们下一章要讲的李昉），在这个政治剧变、大家都当了墙头草的时候，人们为什么要去苛求一个书生呢？陶穀身居翰林之职，按照惯例，“禅位诏书”肯定要由他来写，这种东西无非是些“依样画葫芦”的套话，换上个新皇帝的人名就得了，统共百十字的文章，对文翰老手陶穀来说，大概几分钟就能炮制一篇，真的不需要什么“宿构”啊、“腹稿”什么的，那都是不了解此类文章性质的读者臆想出来的事。既然这文章由陶穀来写，在当时来说完全正当，那陶穀所犯的最大错误就是过早地拿出来。

但是这样做有问题吗？这个事肯定是我做，禅代之际，皇宫里人心惶惶的，各个政府部门也几近瘫痪，大家都放了羊了，作为一个训练有素的翰林学士，在这权力暂时出现真空的时刻，工作主动一点，提前准备好相关文件，如果这也可耻的话，那整个后周大臣群体中就没有不可耻的人了。实际上，可耻与否，后人实在不应该苛求古人，陶穀就算提前把一篇官样文章准备好，也没有什么大惊小怪的。他最大的错并不是他的谄媚，正像我们所分析的，他提前准备好禅位诏书这种行为的性质，绝不比其他或早或晚跪倒在赵匡胤脚下高呼“万岁”的后周大臣更恶劣，他最大的问题是过于书生气，不知道在合适的时机，如何采取更优的行动策略，从而获得更大的利益。当时如果陶穀稍微动一点心机，要来纸笔，发挥自己倚马可待之才，在几分钟内重新誊录一遍自己贮备好的文稿，那既能帮赵匡胤解了燃眉之急，也会书写新的文人大手笔传奇。但是这位老兄还没有那么老奸巨猾，他递上这份禅位诏书的时候，也许什么都没想，无非是职责所在，势必如此；也许脑子里也在想，这下子帮了新皇帝大忙了，这件事情应该是对自己有利的。我认为，当时陶穀持后一种想法的可能性更大一点。他是一个才华横溢的文人这没错，但是在政治上、仕途上，他的确处于菜鸟级别。

什么叫天才？预先想到需要“禅位诏书”，老早备下一份藏在袖子里候着，这就叫天才。什么叫天真？等到新老板真的需要这份诏书了，自己雪中送炭分分钟就递上去，以为帮了老板大忙，将来会得到好报答，这就是天真。天才的隔壁是天真，这大家都知道；但聪明的隔壁是愚蠢，不在仕途上奔波、不在职场上打拼的人们，大概还不太清楚，这句话其实也是成立的。

* * *　　* * *　　* * *

根据宋人洪遵的《翰院群书》记载，进入大宋以后，陶穀一直担任翰林学士的职务，直到死在这个岗位上。宋代从翰林学士转成宰相的大有人在，但陶穀却一直没有当成宰相，因此后人抓住这个问题，反过来质疑陶穀的人品，人们甚至认为，正是他预先撰写“禅位诏书”的行为，让新宋王朝瞧不起，断送了自己的宰相梦。其实赵匡胤不提拔陶穀做宰相是事实，但在陶穀活着的时候，包括他在内，北宋一共有过七八个翰林学士，确实没有一个升迁到宰相位置。陶穀当不成宰相，未必就是因为赵匡胤看不上陶穀，而是赵匡胤打心底里瞧不起所有文人。宋初工资水平低，日子最好过的是地方官，文官偶尔在翰林院镀镀金倒也罢了，如果常年在这个清水衙门里混，一般人是受不了的——毕竟，“汴梁居”也是“大不易”

的。于是陶縠就吵着辞职。老板赵匡胤是怎么回应的呢？他的回答很有意思："此官职甚难做？依样画葫芦。且做，且做，不许罢。""依样画葫芦"是武人出身的皇帝赵匡胤，对翰林学士工作最朴素的理解，虽然说起来比较伤人，但大体并不错。陶縠没有当上宰相，此事发生在赵匡胤时代并不十分尴尬；但他的工作不被最高统治者所理解、重视，这才是他最大的不幸。陶縠作为五代乱世中成长起来的文人，必然有不讨人喜欢的生存哲学，但是如果脱离当时的历史语境去分析他的生命历程和精神世界，往往会流入皮相之谈。陶縠虽有自己的乱世生存法则，但说到底还是一个书生，书生性格决定了他的政治前途——他有点小聪明，但天生一份刚直，绝不是与世浮沉的圆滑之辈；他会算命、会看星象，但是他却没有算准自己的命运；他性情诙谐、爱开个小玩笑，但经常口无遮拦，不知道何时就为自己招来祸患；更重要的是，他不该去得罪一个估值暂时偏低的文人李昉，而后者在不远的将来亲手缔造了大宋文坛的光荣。

陶縠总是以无行文人的面貌出现在宋人笔记中，或许不是历史的误会，但至少是一出历史悲剧，在那样一个时代，作为一个书生，他并没有做到最好，但也的确不是那更差的。

李昉：从孤傲书生到太平宰相

后周显德七年正月初四(960年2月3日)清晨,赵匡胤带领着他的军队像穿越空气般穿越汴梁城脆弱的防守,经过看起来"温情脉脉"、颇有怀旧色彩的权力交接后,新王朝大宋一头闯进中国的历史。叛军将领们摇身一变都成了开国功臣,后周的大臣们也都识相地对着赵匡胤三叩九拜、山呼万岁。后周翰林学士、疑似开封府长官李昉本应见证这一重要的历史时刻,但这一天却到处都看不到他的身影。二三十年后,已成为大宋宰相的李昉,和他的诗歌同道李至一起,留下了一部被认为是粉饰太平、谄媚朝廷的《二李唱和集》,这位李昉到底是个什么类型的文人呢?

后周显德七年的新年，东京汴梁少了过年的欢乐气氛，市民们表情严肃、来去匆匆。自周世宗半年前突然病故，京城上空就一直笼罩着不安的气氛，这种气氛正越来越凝结成一片压向城头的乌云，或许会马上变成一场狂风暴雨，不少人正在惴惴不安地等待这一刻。正月初三赵匡胤的大军开出汴梁，当天夜里京城卫戍部队不同寻常的调动，似乎都在印证着一个传闻：赵匡胤必定会像十年前的周太祖郭威一样，将在大军出征后发动兵变，夺取孤儿寡母掌管的后周天下。汴梁百姓在乱世中养成的政治敏感没有错，正月初四一大早，赵匡胤和他的军队正匆匆地赶在由陈桥驿到汴梁城的路上。时间对这支叛军来说非常重要，叛军首领赵匡胤更是心急如焚，有那么一刻甚至很担心家人的安全。但开弓没有回头箭，赵匡胤还是下决心抓住这次难得的兵变机会，实现自己早就埋在心底的皇帝梦。本书讲的都是文人往事，我们先把志得意满又心怀鬼胎的赵匡胤放在一边，来关注一下文人们的命运吧。陈桥兵变的上午，有一个本应该出现在历史上的身影，却在此刻悄然隐退，谁有这么大的胆子，敢在乱世军阀面前耍大牌、玩清高？此人就是后周翰林学士李昉，根据一份目前难以证实的史料，他当时可能正担任着开封府长官的职位。到底是什么原因，使后周大臣李昉在这惊天剧变的一天缺席了？

“独不朝”的硬文人

李昉(925—996),可能是陈桥兵变当天唯一一个拒绝与赵匡胤合作的后周大臣。查看李昉入宋前的履历,可以发现其仕途发展还算顺畅,对生逢乱世的文人来说,能做到这一点非常难得:后汉时考中进士,踏入仕途;后周时得到两任皇帝的重用,年纪轻轻就荣任翰林学士,而且极有可能在陈桥兵变前担任首都市长的职务。

赵匡胤发动陈桥兵变的当天,后周大将韩通手忙脚乱地组织反抗,顾命大臣们鬼鬼祟祟地商量着投降,或战斗而死,或跪拜而生,大家都在忙着抉择,唯有李昉似乎只是一个不起眼的历史过客——大部分正史材料都没有记录他这一天的作为。阅读历史是非常有挑战性的工作,能从“有”处发现真相自然是快乐的阅读体验,但能从“无”处看出问题来,则更需要一种了解历史、切入历史的智慧。我认为官方史家对李昉的集体沉默,恰恰说明他这一天的所作所为并不为新宋政权所接受。更引起我注意的是,他在宋太祖赵匡胤执政的前十余年,确实可能遭到封杀,政坛上很少听到他的声音,这是一个很奇怪的现象,不应该被历史阅读者所忽视。

赵匡胤篡周后，出于敷衍四方诸侯、保持政局稳定的目的，对后周主要官员并没有采取撤换的安排，可为何偏偏冷落了这位前政权的翰林学士?

好在被胜利者描画得再失真的历史，也总有那么一两处不经意遗漏的材料，为我们了解事实真相提供了有价值的线索。北宋陈师道《后山谈丛》里有一条关于李昉的材料，我们找不到直接证据来证明其真实性，但是李昉入宋后的宦海浮沉又暗暗印证了这条材料的可靠。如果研究中出现这种情况，往往让历史学家非常抓狂。为了更好地探寻李昉的心灵世界，我们不妨把这条材料转录如下:

> 李相昉在周朝知开封府，人望已归太祖，而昉独不附。王师入京，昉又独不朝。贬道州司马。昉步行日十数里，监者中人问其故，曰须后命尔。上闻之诏乘马，乃买驴而去。三岁徙延州别驾，在延州为生业以老。三岁又徙，昉不愿内徙，后二年宰相荐其可大用，召判兵部。昉五辞行，至长安移疾六十日。中使促之，行至洛阳又移疾三十日而后行。既至，上劳之。昉曰:“臣前日知事周而已，今以事周之心事陛下。”上大喜曰:“宰相不谬荐人。”
>
> ——《后山谈丛》卷四

这则故事虽然简短，但却有着丰富的历史内涵。根据陈师道的说法，后周大臣李昉早就知道赵匡胤可能谋反，但是他并不像宰相王溥那样去巴结赵匡胤（王宰相老早就送了赵匡胤一套房子，当作政治投资）。等到赵匡胤穿着件黄袍子大模大样地入主汴梁城时，这位心高气傲的李翰林也不像其他文人官员一样屁颠屁颠地去朝见新主子，特别是不像他的同事陶縠那样，不仅朝见赵匡胤，还参与禅位大典，并事先准备好后周小皇帝的禅位诏书。在改朝换代的特殊时期，李昉采取与僭主新君不合作的态度，是非常危险的，他的同事韩通就是因此被杀，甚至连妻子和小孩都跟着遭殃。这条材料特别具有可读性的是他被贬那部分，非常具有传奇色彩。这个执拗的翰林学士被新政权贬了官，故意慢悠悠地以散步的速度去上任，继续表现出拒绝合作的姿态。赵匡胤让他骑马，他却偏偏骑驴，在交通工具的选择上也要摆明与新政权对着干。后来赵匡胤召他回京，他又故意磨磨蹭蹭，仅在路上休病假就用去了三个月。当他终于以蜗牛般的速度踱进京城时，赵匡胤不仅没有怪罪他，反而表现出热烈欢迎的态度，这时候李昉才真正放下前朝大臣的架子，向新政权表达了自己的忠心。

这是一段很有意思的文人传奇，但是读者大概很快就能从这段传奇中读出细节上的“涂抹”部分。我阅读它的时候，也发现这条材料的重点不在于马、驴和旅行速度，这些细节极有可能被文人加入自以为合理的想象，结果反而丧失了部分史料价值。材料真正的重点在于，陈桥兵变后，李昉采取对赵匡胤政权不合作的态度——“独不朝”，并因此付出代价，这个真实内核可以通过考察李昉在太祖朝的遭遇而获得证实。至于材料中提到的一些具体问题，则未必都是可信的。其实宋人已经开始对这条材料的细节表示怀疑了，如南宋汪应辰在为《后山谈丛》所作的跋中，就公开表达了自己的疑惑。曾经考中状元的汪应辰有机会接触到《国史》，即宋朝人自己写的《宋史》，经过比对李昉的仕宦履历，他发现《后山谈丛》的记录与官方史书有明显的不同。但是汪应辰只是表达了怀疑而已，并没有断定陈师道这条材料必伪，他把自己的怀疑记录下来，声称等到以后有空儿了再详细考证。汪应辰主要质疑了《后山谈丛》中李昉职务变动的记载，但并没有对他“不朝”赵匡胤提出什么有力的反驳。单从历史研究的角度，通常是“说有容易说无难”，但具体到我们本章的主角李昉，即使各种正史资料没有写李昉的“不朝”，但是也没有写他的“朝”，在缺乏具体史料反证的情况下，野史中所说李昉“独不朝”这件事，被证伪的可能性不大。

我没有资料来证明李昉“独不朝”事件的“必然真”，但值得注意的是南宋朱熹的《宋名臣言行录》转引了《后山谈丛》的这条材料，至少说明在大学者朱熹看来，这条史料还是可以拿来说明一些问题的，并非是荒谬无稽之谈。宋末学者黄震的《黄氏日钞》中也有一段关于李昉的议论，他说：“范质、李昉，皆先朝旧臣。王师入京，质颇诮让，昉独不朝，盖贤于一时。其后质相太祖，昉相太宗，质以兢谨，昉以宽恕，皆为名臣，亦盛矣。”意思是范质和李昉都是后周的大臣，赵匡胤发动政变后，范质曾经严厉批评赵匡胤不忠不义的行为，而李昉干脆不来朝见赵匡胤，二人用不同的方法，表达了与僭主不合作的姿态，这在当时都算得上是值得尊敬的好人了；但是后来二人在北宋太祖、太宗朝都做过宰相，而且干得还都不错，真是值得赞美的事啊！范质到底是个怎样的人，我有一本专著

《“顾命大臣”范质的一个上午》即将完成,此处暂不剧透,这里重点关注李昉。至少从黄震的角度看来,《后山谈丛》中涉及李昉在赵匡胤政变当天的表现部分是真实可信的,这其实也正是我的看法,李昉在后周显德七年正月初四这天上午,确实以某种方式,明确表达了不与新政权合作的意愿。他此时翰林学术的身份似乎是没有问题的,至于当时是不是知开封府,后来是不是又与赵匡胤较劲,因为目前我只找到《后山谈丛》这条孤证,九百多年前的大宋状元汪应辰都弄不清楚,我们不妨把这个问题再放九百年,让那时候的读者和研究者们去考证吧。

上面是我对一条史料所做的分析,李昉在宋初与众不同的行为和遭遇,居然被大部分官方史书略过了。特别是在当下坊间通行的《中国文学史》版本中,他总是被当作大宋王朝的粉饰太平者,这样很容易造成一个假象,似乎他就是那样一个带着一脸谄笑扎入大宋历史的文人,向赵匡胤、赵光义哥俩大唱赞歌、大献殷勤。这对孤傲正直的文人李昉来说,真是莫大的侮辱。因此我们有必要对《后山谈丛》那条或许真假难辨的史料考订一番,找出其中可以确信的部分,把基本情况弄清楚了,我们才能真正坐到李昉对面,和他进行跨时空的平等交流。

李昉为他的孤傲付出了代价,在北宋政权的头十来年,他过得并不如意。根据《续资治通鉴长编》的记载,开宝四年(971)五月他与御史中丞刘温叟等人商讨国家礼仪时,还只有“中书舍人”的头衔,这个时候北宋已经建立了十二个年头了;到了开宝五年,有关李昉的记录才显示他已经是翰林学士了,而这正是他在陈桥兵变前的职位。可以说在大宋头十二三年的时间内，他的官职一直处于“超跌”状态，大约直到开宝五年（972）前后，才勉强拉回到后周时代的水平。

不过即使又当上了翰林学士，李昉也没有获得宋太祖的信任，他很快又遭到北宋当局的严厉打击——他主持的一次科举考试被朝廷认定科场舞弊，李昉本人受到了降级处分，考试也被安排重新举行，这对以正直自诩的李昉是个严重的打击。这到底是怎么回事呢？

“科场舞弊”案的真相

李昉主持的这一次考试，录取了进士十一人、诸科二十八人，一共三十九个人。什么叫诸科呢？科举考试最大的特点是分科，它并不是大家统一的试卷，统一的考试。分科，都分哪些科呢？其中最常见、最著名的是进士科，另外还有什么明经科、三传科、三礼科等等，除了进士科之外，其他的这些科目，往往统称诸科。通常进士是科举考试里面最难考、也是最值钱的一门科目。

按照惯例，这些考中的进士也好，诸科也好，他们总要来拜见一下皇帝。这是什么意思呢？本来这些考生是老百姓、是读书人，没有功名在身，现在将要加入朝廷的官员队伍，开始替朝廷办事了，他们的大老板皇帝总要见一见自己的员工吧？但是这个见面，并没有面试的性质。虽然理论上皇帝什么权力都有，但大多数时间他并不能随心所欲地乱来。在北宋开宝六年之前，这种皇帝和录取考生之间的会面往往是礼仪性的，算不上一级考试。皇帝通常客套几句，鼓励一下这些将来的朝廷栋梁们，要为朝廷多做贡献。而录取的考生，也借机磕磕头，表表忠心，喊几句万岁就完了。考试选拔权名义上还是皇帝说了算，皇帝不点这个头，“金榜”是贴不出去的。但是自从有科举考试以来，皇帝与录取考生会面只是走个过场，皇帝对主考官的录取名单，通常是不行使否决权的。当然理论上，皇帝说出的话就是法律，他想怎么行使权力就怎么行使。但是，如果皇帝真的忍不住对录取的考生说三道四，通常会被认为“侵权”——抢了本应该属于主考大臣的权力。如果皇帝说，这次你主持考试录取的学生不好，质量不高，那这个主考官是要辞职的。为什么这样做？因为皇帝质疑他的智慧，质疑他的眼光。通常出现那种情况，多少也称得上是一场政治风波。所以皇帝很慎用他的否决权。

可是不知道什么原因，赵匡胤这次接见考上的三十九个考生，他突然之间目光如电，在人群当中发现了两个滥竽充数的考生，一个是进士武济川，另一个是诸科刘浚。赵匡胤觉得这两个考生绝对不应该被录取，肯定是主考官李昉从中做了什么手脚。特别是赵匡胤听说这个进士武济川是李昉的老乡，他就更加不高兴，觉得李昉这个人太可恶，居然利用主持考试的机会，把自己老乡拉进来。

如果这个事到这里了了，那它还没有上升为公共事件，不过是主考官老眼昏花，或者是稍微顾及一下老乡的情面，多给自己老乡加了点分数，这种事情也可能发生，不就一个考生的事吗？顶多主考官会挨批评。可没想到的是，接下来有人敲了登闻鼓，告了主考官李昉的御状。

告御状的人是谁呢？进士徐士廉。正是他告主考官李昉营私舞弊，该录取谁不录取谁，完全是自己说了算，肯定拿了考生的好处费了。宋朝史学家李焘的《续资治通鉴长编》里这样写道：

> 会进士徐士廉等击登闻鼓，诉昉用情，取舍非当。

赵匡胤经过简单的调查，相信了徐士廉的举报，决定重新安排考试，从落第的举子当中选了一百九十五人，再加上原来那些已经录取的考生，大家重考一次。同时，直接抹掉了李昉翰林学士的头衔，降级查办。刚刚在赵匡胤手下没过上几天好日子的李昉，这下子几乎被打入万劫不复的境地。降了官倒是小事，宋朝人其实并不害怕贬官，关键是以徇私舞弊的罪名被降职，这个罪名太难听了，这对心高气傲的李昉，绝对是个致命的打击。

这件案子由皇帝赵匡胤亲自督办，看起来铁证如山、天衣无缝，就这样写进了宋朝的历史，貌似是一桩铁案。可是当我们仔细去研究这桩案子的时候，却发现有很多疑点。首先，那两个倒霉的考生，他们到底犯了什么错，竟然要被当场取消录取资格？史书上清清楚楚八个字：

> 材质最陋，应对失次。
>
> ——《续资治通鉴长编》卷十四

“材质最陋”是什么意思？可能有的读者会望文生义，认为“材质最陋”，不就是说这两个人才能很差，智商很低吗？科举考试是当时的国家考试，当然要百里挑一、优中选优，这怎么能让才能很差的人考上呢？显然是考生和主考官之间有猫腻，这“招生腐败”要不得啊！但实际并非如此。关键在“材质”一词的真正含义上。“材质”如果用在人身上，它的本意是指“资质”、“本能”、“形体”、“外貌”这些指标，和这个人的才能、智商没有多大关系。当然了，把“材质”这个词的意思稍微地引申一下，它也可以指一个人的素质、品行等这些指标，那样的话“材质”就跟一个人的道德情操、人格修养有关。不过要了解人家这个层面的“材质”，通常不是说你一眼就能看出来的，“路遥知马力，日久见人心”，你得经过很长时间，和这个人了解了，和他熟悉了，你才知道他内心的品行如何。而当时赵匡胤坐在金殿之上，在这么短的时间内居然发现三十九人中有两个“材质最陋”，那么我想，这更多的是指这两个人的外貌，大概看起来有点猥猥琐琐，或者看起来不是那么帅，让赵匡胤心里很不爽。当然，如果这个判断成立的话，按说不应该由主考官来负责，主考官只管一个文化成绩，考生到底长得怎么样，是不是讨人喜欢，这不是他应该关注的事情。把这一点当做那两个倒霉考生的罪状，进而坐实李昉的“招生腐败”，实际上还远远不够“铁证”。

另外一条证据是两个考生“应对失次”，这是什么意思？其实就是说皇帝和这两个考生谈话的时候，两个考生大概语无伦次，或者说了不得体的话，让皇帝不开心。这四个字古今意思没有什么很大差别，我们也没有现场录音，听听这两个考生到底说了什么不该说的话，让皇帝翻脸了。我们姑且就认为这条罪状是成立的，这两个新录取的考生演讲能力特差，上不得大台面。但是就算这条罪状成立，也不足以说明李昉就是个睁一只眼闭一只眼的糊涂考官。古人其实并不特别讲究能说会道，读书人文章写得好，话却说不好，这是常有的事。孔子不说了吗？“巧言令色鲜矣仁”。君子要“讷于言而敏于行”，说话不要说得太动听，做事却一定要做得利落才好。不过，赵匡胤要求这些考生会说话也不过分。因为考中进士的这些人，他们将来要去当亲民官的，要直接去面对老百姓处理各种事务。你要是说话都说不利索，长得又不好看，会伤了朝廷的体面。所以，朝廷选材还真的很关注一个人的外表和言语能力，所谓“身、言、书、判”，四条官员选拔标准，头两条就是外貌气质和演讲能力。不过通常关注这一部分的能力，并不是由礼部来管的，礼部负责什么呢？礼部是负责考试，只考文化成绩，这官员的外貌怎么样，他的表达能力怎么样，这是由吏部，管官员的这个部来负责考核的。就算是那两个考生见了皇帝吓得张口结舌，话也说不出来，照理也不应该怪到主考官李昉头上。

宋太祖赵匡胤虽然抓住开宝六年处理“科场舞弊”案的机会，彻底打击了翰林学士李昉身上那股高傲的文人气，不过赵匡胤毕竟是一代开国之君，深谋远虑，智慧超群，他不可能仅仅为了打击一个看不惯的文人，就小肚鸡肠地兴起一场大案，甚至不惜重新安排考试。实际上，这次考场打假案，重点还真的不在李昉，重点是赵匡胤重新组织考试，他自己当考官。在以往科举考试中，主考官的地位非常重要，登第的考生，一般都自称是主考官的“门生”，而主考官就是所谓的“座主”。这些“门生”、“座主”在帝国的政治生活中，往往会形成一定的利益共同体，这种特殊的既得利益群体，对皇权是一种挑战。赵匡胤建立宋朝之初，为了强化中央集权，提高皇帝的专制力，通过“杯酒释兵权”，把大将的兵权收归朝廷；通过派遣文人做地方官，设置转运使，把国家的财权收归朝廷。这些措施对北宋的稳定起了非常重要的作用。这次再借打击李昉催生“殿试”这一考试程序，把对文官的选拔权牢牢地掌握到自己手中，这才是李昉“科场舞弊”案的真相。

“善人君子”笨书生

李昉是个理想主义文人，即使身在乱世，也不愿轻易向强权低头。后周在周世宗的经营下，已经有了摆脱乱世宿命的迹象，在李昉眼中，“太平之世”的机会似乎随着“陈桥兵变”的喧嚣渐行渐远。不过他错了，等到宋太宗时期，宋朝已经越来越具有统一天下的规模，久违的太平之世似乎已然降临，这给他带来的几乎是一种“漫卷诗书喜欲狂”的快乐。如果说太祖朝的李昉还只是个新王朝的冷眼旁观者，那么太宗时代的他，已经变成一个的热情歌颂者了。

李昉颇受好文的宋太宗赏识，他在太宗时代官做得越来越大，日子也过得越来越滋润。不过书生的性格总是有缺陷的，特别是在交友上，往往并没有他们看起来那么聪明。我们先说说卢多逊吧，这个人表面上与李昉称兄道弟，但转过身就向皇帝打李昉的小报告。“科场舞弊”案之所以能被赵匡胤办成铁案，这里面也少不了卢多逊的证词。当时赵匡胤接到了徐士廉的投诉，心里也拿不准到底该不该相信这位落第举子的话，科举考试是国家考试，主考官也是自己亲自任命的，这要是出了丑闻，可是朝廷上的大事件，不能等闲视之。于是他私下里把卢多逊叫来，向他打听一下，外界对这次科举考试的评论怎么样、有没有人反映主考官有问题？史料记载，卢多逊当时的回应是："颇亦闻。"虽然仅仅是三个字，但是具有非常大的杀伤力，"亦闻"证明了科场舞弊的客观存在，"颇"字更了不得，那就是说此事已经满城风雨、无人不知无人不晓了，似乎全天下都知道这个李昉是个贪污受贿的考官。后来有人告诉李昉，要小心那个口蜜腹剑的卢多逊，但他却并不相信卢多逊就是那在皇帝跟前诋毁自己的人。到了太宗朝，已经当了宰相的卢多逊因为卷入所谓"秦王谋反案"彻底倒台了，李昉当上了宰相。君臣间聊天的时候，宋太宗偶尔谈起卢多逊的种种恶行，心地厚道的李昉还一个劲儿地帮卢多逊开脱，最后宋太宗实在忍不住对李昉说："卢多逊平常在我跟前把你贬得一文钱不值，你到现在还替他说话！"李昉这才知道自己果真是错看了卢多逊，人心险恶，非己能知。

有个叫张洎的人，也是李昉的好友。张洎是名冠一时的大文人，但他属于那种见人说人话、见鬼说鬼话的家伙。他是跟着南唐亡国皇帝李煜一起投降到宋朝的。李煜还当着南唐皇帝的时候，把张洎视为心腹，对他是言听计从，二人之间的君臣关系非常融洽。可是等李煜"垂泪对宫娥"、哭哭啼啼做了北宋的阶下囚后，张洎马上与他划清界线，为了取悦新老板，有时候还要上门来敲诈勒索他。李昉当宰相的时候，张洎和李昉关系好得像是亲兄弟一般。可等到李昉罢相，他马上翻脸不认人，趁机向太宗进言卖直，说什么连续三个多月的大雨，连皇帝都"忧形于色"，但身负燮调阴阳之职的宰相李昉却"宴然自若"。宋太宗打算给李昉以级别稍高的左仆射职衔作为罢相补偿，也遭到张洎的激烈反对。有位叫钱若水的大臣想上前替李昉说几句公道话，张洎竟然狗急跳墙，用手中的笏板挡住钱若水，阻止他上前向皇帝进言。当时有个叫张佖的官员，与李昉没有什么交情，李昉当宰相时也并没有多看顾他几眼，但李昉罢相后，这位张佖却经常来拜访李昉。李昉是个最怕寂寞的老头子，好友不上门来陪他喝酒作诗，他还要写信责问对方，张佖的主动来访给他的晚年生活带来不少欢快。有人问张佖为什么这么做，他回答说："我当朝廷法官的时候，经常有大臣以私事相托，只有李宰相从没有这样做过，因此我特别尊敬他。"看来李昉虽然有点老好人式的糊涂，但正人君子还是欢迎他的，更重要的是，他虽不善择友，却赢得宋太宗的尊敬。李昉退休后，过年过节的朝廷都有专门的赏赐，举行大的礼仪活动，排座次时特意把他排到宰相行列里，但凡有什么宴游之事，宋太宗都要派人邀请李昉参加。宋太宗说："李昉两度为相，从来没做什么伤人害物之事，理应得到今天这样的待遇。他就是人们常说的'善人君子'吧！"

不过你要是以为李昉就是这样一个是非不分的书呆子，那就错了。虽然李昉留下了大量歌颂太平之世的诗歌，但那是他发自内心的声音，并不是为了取悦当权者，说他是粉饰太平的谄媚之徒，真是天大的误会，他铮铮铁骨的书生本色从未改变。这里有个小故事，是宋人邵伯温在其《闻见录》里记载的：

> 太宗一日谓宰辅曰："朕何如唐太宗？"众人皆曰："陛下尧舜也，何太宗可比？"丞相文正公李昉独无言，徐诵白乐天诗

云:“怨女三千放出宫,死囚八百来归狱。”太宗曰:“朕不如也。”

“怨女”二句,是白居易《新乐府·七德舞》中的诗句,歌颂唐太宗放出数千宫女,任由结婚,以及特赦近四百名死囚犯两件事。这段材料非常有趣,恰如一幕情景小剧,寥寥数语,把千年前君臣间的关系,用一种很诗性化的语言表达出来。志得意满而有自省意识的宋太宗,无原则拍马奉迎的“众人”,深得诗人温柔敦厚讽喻之旨的正直文人,全都从千年前一下子拉到读者面前。他不识时务,卯足了劲儿和篡位者闹别扭;他拙于交际,总是被心机男欺骗;作为一个文人,他天真烂漫,诗酒风流;作为一个宰相,他因循持重,故步自封——这一切都是成立的,但是,他的确不是那种谄媚之人,以“粉饰太平”这样的字眼评价他在北宋历史上的价值,实在是太不公平。

* * *　　* * *　　* * *

本章的最后,我想讲一个故事,或许能给读者提供些有关“粉饰太平”这一话题的线索。此事发生在李昉和忘年交李至进行诗歌唱和、被人们认为正在“粉饰太平”的时期。宋太宗访求多年,从全国各地搜集了一大批图书,然后又从史馆调来五千多卷天文、谶纬之书(这些在当时可都是货真价实的禁书),从皇宫里弄来了一百多幅古代名人字画,全都藏进新建的国家图书馆——秘阁。图书馆馆长就是从副宰相位子上因病退下来的李至。宋太宗淳化元年八月初一(990 年 8 月 23 日),已退休的李昉和宋琪、徐铉等人跑到秘阁，要求馆长李至开方便之门，让这些老头子到秘阁里一饱眼福。虽然李至与李昉是诗友，本人又是徐铉的学生，但他为人胆子小，怕皇帝怪罪，于是借口秘阁里面藏着很多禁书，实在不敢开门。没想到这更加吊起了李昉等人的胃口，这几位文坛耆老索性倚老卖老，硬逼着李至开了锁。宋太宗听说了这件事，不仅没有怪馆长李至擅开秘阁，反而认为这种事儿是太平之世的征兆，下令为这些爱阅读的退休老干部提供免费午餐，并且还把那些秘不示人的珍品善本都拿出来，让李昉他们爱怎么看就怎么看。第二天，宋太宗还特意邀请在职的学士们一起到秘阁来大吃大喝，以此纪念文坛耆老秘阁观书的盛事。

这就是李昉所处的宋太宗时代，它不同于后周，也不同于宋太祖时代，这是真正的文人时代。至少在李昉眼里，自晚唐五代以来百年沧桑、斯文扫地，曾经有过比此时更完美的时代吗?

徐铉：生活在别处的江南才子

江南才子徐铉是一位搭错车的旅客，他本该穿一袭大唐的长袍，披散开自己的头发，乘一叶扁舟，啸傲于江湖之上；或者在北宋欧苏的时代，与同年僚友诗酒雅集，切磋学术，过一过史上最令人向往的文人生活。但是，这一切对一生经历了三朝六帝的徐铉来说，是那么遥不可及，即使终于触摸到那扇正缓缓开启太平之世的大门，他发现自己仍然是一个生活在别处的局外人……

宋太宗淳化三年八月二十六日(992 年 9 月 25 日)清晨,虽然刚过中秋,渭北的天气已经颇凉了。年已七十六岁的徐铉刚起床,一股诡异的寒气自心头轻掠而过。他突然有了一种不祥的预感,自己书中记载的那些怪怪奇奇的神鬼故事,此刻也一个个在脑海中闪现;就在这一瞬间,亲历一甲子的宦海浮沉、目睹几十年的乱世悲剧,都从他心灵的深处渐次展开,那些伤痕累累的回忆呵!他马上让家人准备纸笔,立了一份遗嘱交待后事,然后又专门写下六个大字——“道者天地之母”。有条不紊地做完这些事,这位才高命舛、一生坎坷的老人,就在这个秋天的清晨与世长辞了。

书生的“冷疾”

据有关史料，徐铉死于“冷疾”。

中医上讲的“冷疾”，是指由于天气寒冷引起身体不良反应的病征总称，具体发病原因和临床症状各不相同。徐铉的“冷疾”是怎么得的呢？据北宋人丁谓记载，徐铉的病根源于他独特而固执的服饰习惯，他特别喜欢穿宽袍大袖的汉族传统服装，即所谓的“宽袴”、“深衽”。这种服装设计虽然看起来非常儒雅，行走时还有一种衣带飘风的洒脱，但保暖效果却十分差，属于那种“只要风度不要温度”的服装品种。在南方温润之地穿着它们还没有什么问题，到了北方就只有挨冻的份了。

实际上宋代生活在北方的官员也穿“汉服”，他们没有被冻死大概是因为冬天里有皮大衣穿。徐铉虽然不一定是个宣称“没有买卖就没有杀害”的环保主义者，但他把穿着习惯上升到讲政治的高度，坚决反对穿皮草。公元975年末南唐国破，他被大宋的军队从江南抓到开封，宋太祖赵匡胤特别恩赐给他一份新工作，从此他就在北方安家落户。此时已年届花甲的他明显地对北方寒冷气候不适应，寒冬腊月里上早朝，同僚们都穿大皮袍子保暖，他却还坚持自己的着装习惯,穿着在南方冬季常用的薄棉袄,猫在待漏院里冻得瑟瑟发抖。同僚们都劝他别跟身体过不去,买一件皮袄也花不了多少钱。但他一开口就得罪人,他说穿皮衣是五胡乱华时留下的乱世风气,自己作为堂堂天子近臣,饱读圣贤之书,绝不穿这种外族的服装。一番慷慨陈词说得同僚们都面红耳赤、自感无趣,他们心里暗想:喜欢装你就装吧!看你老徐能挺多久!这位执拗而有点迂阔的老夫子还真是这样一直挺着,但他也为自己高贵的"着装理念"付出沉重的代价——终于不可避免地染上了"冷疾",这种糟糕的病给他晚年生活带来巨大的痛苦。他生命的最后两年被贬到地处渭北的邠州(治新平,今陕西彬县),那里的气候比开封还要恶劣。结果徐铉终于熬不过天气和心灵的双重折磨,勉勉强强在邠州过了一个冬天,没来得及与第二个冬天对抗,就写下了自己对人生最后的体悟,穿着那袭"汉服"大袍子,驾鹤西归了。

徐铉的命运与他的性格紧密相关。他不幸生在乱世,政权更迭、生灵涂炭,使他几乎看不到自己理想中的太平之世。但他有幸生活在五代最有人文气息的南唐,这是五代时期的一方文学乐土,其士风涵养和文学积淀可谓乱世中的一枝独秀,史家甚至有"江左三十年间,文物有元和之风"的赞叹。徐铉少年得志,十六岁就进入朝廷官员的队伍,做了吴政权的校书郎,才二十多岁就当上了南唐知制诰,相当于皇帝的高级文字秘书。少年得志,又遭际尚文之主,他的早年人生路似乎应该阳光灿烂、繁花似锦。但是他偏偏没有五代文人的那种俯仰于时、奔竞媚俗的常态,而是坚守自己的人生追求,不愿为了固位保禄而磨圆自己的棱角。他在南唐为官时遭到两次贬斥，虽说与当时的朋党之争有很大关系，但根本原因还是他那不合时宜的书生性格。第一次被贬在保大七年（949），起因是学士殷崇义的一份军书。当时的公务文章大都是骈文，讲究对偶、用典，如果典故用错了是件很丢面子的事，而殷崇义的这篇公文恰恰就犯了这样的错误。如果是一个老于官场的人，一般不会去议论同僚这样的糗事，但恃才傲物的徐铉和弟弟徐锴却在一定的社交范围内，拿着殷崇义这篇问题作品中的瑕疵说事，调侃了殷学士的不学无术。这样的话很快被殷崇义和宋齐丘听到了，结果徐氏兄弟以皇帝最讨厌的罪名——“泄禁省语”，受到严厉处罚，被赶出京城。

徐铉这次得罪虽然看起来是因为言语不慎造成的，但早在他三年前弹劾权倾朝野的宋齐丘时，他大概也会预感自己在南唐的仕途将会坎坷不平。宋齐丘是南唐政坛的大佬，朝堂上遍布他的党羽。他曾举荐一个叫陈觉的亲信攻打福州。结果这个军事外行瞎指挥，使南唐军队吃了败仗，损失了上万兵马。南唐元宗李璟气急败坏，说什么也要杀掉陈觉和同他一起吃败仗的冯延鲁，嚷嚷着连审判程序都不必经过了，直接派特使到军营里取二人的首级。据说担负替皇上出气重任的特使都已经到了陈、冯二人的驻地，结果宋齐丘倚老卖老，用“上表待罪”的方式来自揽罪责，借机为这两个笨蛋将军开脱。李璟最后还是给了宋齐丘面子，从轻发落了陈觉和冯延鲁。御史中丞江文蔚看不过去，上书弹劾当朝宰相，却“坐庭劾宰相，其言深切”，被糊涂的李璟贬出京城。但是江氏的弹文却被到处传写，甚至到了“洛阳纸贵”的流行程度。江文蔚弹劾宋齐丘极大地鼓舞了颇有正义感的徐铉，他高度评价江文蔚的行动，说“国朝自王义之后，旷数百年，宪署之间，举无废职。然未有危言激论，如此之彰灼者也”。当时朝廷百官都惧怕宋齐丘的势力，自江文蔚被贬后，更没有人敢再提陈、冯的案子，但徐铉却和好友韩熙载一起，向李璟上书要求杀陈、冯二人以正军法。

虽然徐铉的上书没有任何结果，但这个“一箭之仇”算是与宋齐丘结下了。三年后，一直怀恨在心的宋齐丘终于抓到他的把柄，给这个既不懂政治上的炎凉去就，又缺乏生活中气象学常识的拗书生一个狠狠的教训。说什么“泄禁省语”，不过是宋齐丘玩弄的一个小把戏罢了。

特立独行的冷暖人生

徐铉并没有因为政治上的打击而改变自己的性格，生活中他还是一如既往地坚持自己的原则，不随波逐流。这在不理性的乱世中，可称得上是得了社会学意义上的“冷疾”。

那个打仗不行的陈觉，果然是一国之妖孽，他大耍政治手腕，在被流放的次年就重新得到任用。东山再起的陈将军借助宋齐丘之势把朝廷搞得乌烟瘴气，甚至到了“道路以目”的地步，最后连李璟都不待见他了，以“致仕”的体面方式把他赶出朝廷，并且后来终于找借口把他杀掉了。陈觉第二次丢官后经过泰州，突然想到了当年曾上书要求杀掉自己的徐铉，如今还在泰州贬所做着管理地方治安的小官。他颇多感慨、大彻大悟，然后写了一首诗寄给徐铉，表达放弃旧憾、主动修好之意。徐铉虽然在公事上铁面无私，但并不是一个小鸡肚肠的人，他给陈觉写了一首非常得体的答诗：

朱云曾为汉家忧，不怕交亲作世仇。
壮气未平空咄咄，狂言无验信悠悠。
今朝我作伤弓鸟，却羡君为不系舟。

劳寄新诗平宿憾，此生心气贯清秋。

——《陈觉放还至泰州以诗见寄作此答之》

诗的前四联引汉代朱云和晋人殷浩的典故，虽然与陈觉行实不类，但也向对方表达了礼貌的安慰。后四联从自己的感受说起，颇有惺惺相惜的意味。书生不幸生在干戈四起的乱世，自己的命运确实是难以把握的，更何况当年处事以公，力请杀掉陈觉，实际上二人并无私怨；如今却同是沦落江湖，对方又主动寄诗平憾，即使举世皆曰“可杀”，自己又怎能随波逐流、落井下石呢？这大概就是“此生心气贯清秋”的深层意蕴吧。

我们再看看徐铉后来对冯延鲁的态度，冯延鲁也是徐铉当年要求皇帝杀掉的败军之将。这位老冯大概比陈觉更老于为官之道，再加上朝中有人（其兄冯延巳是朝廷高官，也是把写词的好手，有名句“风乍起，吹皱一池春水”，“独立小桥风满袖，平林新月人归后”等），所以爬得更快。有一天徐铉与同僚在等待早朝的时候闲聊，这种上班前的临时沙龙往往比较随意，是同事间沟通感情的好机会。这次大家津津有味地谈起了山水之乐，说到唐玄宗赐给大诗人贺知章三百里镜湖，用作贺知章修身养老之所，此时已成为阁老的冯延鲁不无艳羡地感慨道：“我倒不敢奢望能得到三百里镜湖的恩赐，如果皇帝开恩，赐给我后湖这么大的小湖泊，让我退休后有个休闲游乐的去处，这辈子也算是没有白过啊！”这样的话不过是同僚间的戏谈，原本不必认真，但徐铉的“冷疾”又犯了，他马上抢白冯延鲁说：“咱们皇上对待有才能的人十分尊敬，恩宠唯恐不及，赐一个后湖根本算不上什么，倒是像贺知章那样的人才却很难找啊！”一下子弄得冯延鲁下不来台，差点没气出心脏病来。特立独行，不媚世，不随俗，是徐铉性格中的亮点，这样的性格或许并不讨人喜欢，但却是文人生态中所不可缺少的组成部分——一个连书生意气都没有或不能容忍的社会，其前途是堪忧的。

徐铉随李煜归宋时，宋朝政府因缺乏干部，大量使用原南唐“伪政权”的官员。有一个叫谢岳的人是他的老朋友，当时在卢氏县做主簿，年纪已经过了七十岁，按当时的规定应该退休了。北宋时的户籍制度不健全，吏部负责官员考核的人也搞不清谢岳的真实岁数，因谢岳也是南唐归明人士，按照惯例会来询问一下曾为南唐高官的徐铉。谢主簿提前跑到老朋友徐铉跟前哀求，以家贫为借口，希望他不要说出自己的真实年龄，或者干脆推说不清楚，这样自己就有机会再干几年，多赚点俸禄（宋初官员退休后一般是没有薪水的）。这个要求现在看来并不太过份，据说不少有操守的老先生，在不理性的历史时期里，坚持“就算不能讲真话也绝不讲假话”的处世原则，受到一些后辈小子的追捧。但徐铉不是那种“假话全不讲、真话不全讲”的虚伪干部，他敢于讲真话，严词拒绝了老朋友的请求：“我明明知道你的年龄，却对吏部官员说不知道，那不是欺骗上天吗？我绝不做这样的事情。”结果徐铉据实汇报了谢岳的年龄，老朋友也因此被罢官。这样看起来他似乎是个不讲情义、不近情理的“冷面人”，但实际上并非如此，在人际交往上，他心中自有一把标尺。如果有亲族故交的子弟贫无所依，他一定把他们接到家中，用自己的俸禄来抚养他们。等他们到了婚嫁的年龄，又亲自为他们安排婚姻大事。不过他最终受其“热心”的拖累，以耄耋之年，遭受无端贬斥的屈辱。

徐铉的一生坎坷不平，也是一个向不理性的社会领取“冷疾”的人。在开封和邠州寒冷的冬季，他拒绝的不是一件皮衣所能给予的温暖，而是任何世俗对自己的浸染。一个把穿着上升到信仰高度的人，至少是一个完美主义者。而这种对自我人格完美的坚守，不就是五代乱世所最缺少的一脉刚强，不就是大宋王朝士人最急需的精神资源吗？对于渐次走过的五代，徐铉是大唐王朝最后一抹风流文人的记忆，他在乱世中保存一份书生意气，保留一脉斯文不堕；对于迎面而来的宋朝，他又是大宋帝国一枝报春的寒梅，他的文学与人格对宋代文人产生了巨大的影响。

狂澜既倒前的坚持

如果你以为徐铉只不过是一个正直、不乏狂狷之气的书生，是大唐浪漫文人留下的一片活化石，那就错了，他身上更可贵的是那副铮铮铁骨，是在狂澜既倒前的那份坚持。

开宝八年(975)，徐铉在南唐危如累卵、指日可破的情况下，代表李煜出使宋朝，直接与赵匡胤对话。这是极其危险的使命，当时和他一起出使的还有一个叫周惟简的家伙，也算是一个颇有学问的人，据他的推荐人张洎说，这位深通《易》理的老先生很有谋略，可以"谈笑弭兵锋"，大概有像苏东坡词中所写的"谈笑间樯橹灰飞烟灭"那种才能与风度。在徐铉出使之前，李煜已经连发多道命令催促自己在长江上游"梦游"的水军司令朱令赟火速赶来勤王，但现在又要派人向宋朝求和，这样南唐高层传递出来的信息是混乱的，至少在北宋这一方看来，李煜有借求和拖延时间的企图。这种情况下担任南唐的求和使臣是非常危险的，李煜也意识到了这一点，他对徐铉说："你尽管放心出使，我马上发命令给朱令赟的部队，让他们暂时按兵不动。"徐铉却不同意李煜的安排，他说："宋军早存虎狼之心，我这次出使未必会有什么效果。金陵城危在旦夕，老百姓就指望着援军早日赶到,怎么能下令让他们按兵不动呢?请您为国家利益考虑,该怎么安排就怎么安排,不要考虑我的安危。”一席肺腑之言把李煜感动得流出眼泪来,这个快亡国的皇帝没什么好赏赐的,只有开点空头支票,声称要提升徐铉的官职。徐铉虽然也喜欢做官,但无论如何不会在这个情形下接受皇帝的恩赐,于是他拒绝了李煜的好意,像“意轻千金赠,顾向平原笑”的鲁仲连那样,毅然踏上危险而悲壮的征程。

到了赵匡胤跟前,徐铉据理力争,力辩江南无罪而被讨伐,实在是不合公理。他旁征博引、滔滔不绝,让读书不多的赵匡胤理屈词穷,根本无法反驳。赵匡胤又气又恼,手按宝剑对他说出那句暴露千古专制君主私念的心底话:“你不要多费口舌了,江南确实没有什么罪过,但是天下一家,卧榻之侧,岂容他人酣睡!”秀才遇到兵,徐铉这才无话可说。结果轮到那个能“谈笑弭兵锋”的周惟简说话,这位先生早吓得哆里哆嗦,连连说自己不过是个山野村夫,被李煜逼迫来当使臣,然后巧妙地谄媚侵略者,极不得体地提出将来到终南山隐居的愿望,言下之意,南唐归宋乃必然之事,到时候天下一家,自己也希望能够分享一碗菜汤。一个是五代乱世的真书生,一个是修身养性的假道士,其人格境界之高下,可谓判然可分。徐铉的出使虽然没有什么效果,但他却赢得了时人的尊敬。

不久,金陵城终于保不住了,李煜做了屈辱的亡国之君,徐铉和他一起被押到汴梁接受胜利者赵匡胤的审判。赵匡胤召见了徐铉,气愤地责骂他为什么不早点劝李煜投降。这里有点历史背景需要说明一下:第一,宋军攻打荆楚、后蜀、南汉等割据政权时,都没有遭遇很大的军事阻力，这些政权内部都有大臣坚持“顺应天意”，向宋政权投降，如后蜀之李昊、荆楚之孙光宪；而那些鼓吹抵抗的大臣却往往没有好果子吃，少有能全其性命者，并非一例获得宋政权的赦免。第二，宋军攻打南唐虽然费时不多，但却也付出不小的代价，并不像大将曹彬的露布所云“江南勾当公事回”那么简单，好像进行了一次愉快的公务旅行。据我粗略统计，这次战争中，仅南唐军人就有数万人头落地，至于南唐老百姓，单是在宋军江州屠城的暴行中，据《宋史》记载，大将曹翰“屠城无噍类，杀兵八百”，当时的大诗人王禹偁则在《金吾》一诗写道：“弥年城乃陷，不使鸡犬活。老小数千人，一怒尽流血。”因此，至少在赵匡胤看来，徐铉这些人绝对是有罪的，杀掉也毫不过分。但是徐铉却大义凛然，真正体现了孟子所说的“威武不能屈”，他不卑不亢地对赵匡胤说：“我作为江南的大臣，没有辅佐君主治理好国家，搞得国家灭亡了，这是我最大的罪，确实应该被杀掉。至于没有劝自己君主投降，这样的罪过我是不应该承担的。”结果几句话又把赵匡胤给堵回去了。赵匡胤不愧为政治家，没话说了就夸徐铉忠心，不仅不杀他了，还给他“赐坐”的待遇，并为他提供了一份比较体面的新工作。

很快宋太宗上台了。徐铉在新岗位上的日子过得很充实，但并不如意。宋太宗主要是利用他的学识为大宋朝服务，他也确实在文职位子上干得很出色。这期间又发生了一件对他来说非常凶险的事情。南唐亡国皇帝李煜不明不白地死了，按照当时的礼仪，必须有人为李煜写一篇记述他一生大节的墓志，那么由谁来完成这项任务呢？在同僚的挤兑下，写作任务交给徐铉。李煜是一个曾激烈反抗新政权，最后被迫投降的国君，这篇文章确实不太好写，更何况徐铉作为南唐旧臣，更不容易措辞。如果按墓志铭的写作惯例，应该把李煜抬得高一点，但这可能会给自己招致杀身之祸；如果谄媚大宋政权，把不识时务的李煜贬得过低，又会违背自己的处世原则，同时也会被士论认为忘恩负义而身败名裂。这篇墓志对徐铉来说，真是一个烫手的山芋。他人生最大的悲剧就是不得不跟随亡国之君李煜，忍受做亡国之臣的屈辱。据宋人魏泰的《东轩笔录》记载，接到这个居心险恶的写作任务后，铁骨铮铮的徐铉在宋太宗面前流下伤心的眼泪。这眼泪既为受尽猜疑又死得不明不白的故主李煜而流，也为自己在饱受亡国之痛又无权抒发自己真情实感而流。他向猜忌成性并有害死李煜嫌疑的宋太宗提出自己的写作条件，那就是允许他在文章中表达出与李煜曾经的君臣之义。这是一个很大胆的请求，再次体现徐铉不以炎凉而去就的书生意气。李煜被掠到汴梁后，归宋南唐旧臣为了自己的仕途，避之唯恐不及，哪里还有人敢去和李煜攀什么“故主之义”！但徐铉不合时宜的要求，从道义上而言，也确实并不过分，宋太宗就暂时答应了他的要求。在自己冒险提出的要求得到满足之后，徐铉精心撰写了一篇《大宋左千牛卫上将军追封吴王陇西郡公墓志铭》，将亡国之痛隐藏在字里行间，又尽量不去触及当权者的敏感神经，这可算得上历史上最迂徐委曲、沉郁压抑的一篇墓志铭了。文章的开头几句很值得琢磨，我想当年这篇文章摆到宋太宗的面前，大概他也是反复吟咏，击节叹赏：

盛德百世，善继者所以主其祀；圣人无外，善守者不能固其存。盖运历之所推，亦古今之一贯。

——《全宋文》卷三六

这短短三句话，包含着非常深邃的哲理内容，有着极为广阔的解释空间。从宋太宗方面而言，他可理解成大宋奉天承运、火德洪基；从李煜的角度考虑，他即使再圣明，也无法改变上天安排的命运；而自徐铉自身来看，不幸生遭亡国之辱，天命无常，是何人哉！他在墓志中申明了李煜的无辜，字里行间寄予无限的同情和伤感。大概文中用典和一些对新政权礼仪性的赞颂分散了宋太宗的注意力，使他并没有发觉徐铉真正的情感倾向和政治态度，同意了这篇文章的发表。徐铉用江南书生的执拗与刚正，再次捍卫了自己的人格与价值观。“运历之所推”，一介书生是无法左右历史的，除了无愧于自己的信仰，他还能做些什么呢？

我常读《论语》，最喜欢“岁寒，然后知松柏之后凋也”这一句，对这句话的理解也随着年龄和阅历的增长而更加深刻。如果仅是强调一种在不利环境下的坚持，固然已经不错；不过即使明了一切都已注定，也要知其不可而尽力为之，那又是怎样的一个境界啊！挽狂澜于既倒，是一种大力；而在狂澜既倒前依然铁骨铮铮，那才是天地间之大勇。徐铉大概就是这样一个不乏大勇的江南书生吧。

唐宋文学的暮鼓晨钟

徐铉在南唐时就已是名冠一时的大文豪，与韩熙载并称“徐韩”。研读中国文学史的时候，有一个值得深思的事实，宋人谈五代文学往往喜欢用“卑弱”、“浅俗”等贬义字眼，这种并不公正的看法延续千余年，甚至深深影响了当下的文学史家。实际上五代文学地位之下降，与宋初的士风与文风趣尚有很大关系，宋人本着特殊的政治理念来疏离五代政权和文化，必然更强调五代文学中的卑俗成分，而对前后蜀、南唐等广大地域的文学成就视而不见。没有承继很难谈得上创造，如果真像宋人所说的那样，把晚唐五代文学都打上“卑俗”的标记，北宋文学就直接建立在一个文化荒漠上，那怎么能够形成自己一代人文之盛呢？如果把生活在晚唐时期的李商隐、杜牧、温庭筠等人称作唐朝“夕阳诗人”的话，那么以徐铉为代表的南唐诗人群体庶几可称作大唐帝国的“影子诗人”。唐朝作为一个时代已经去而不返，但是它的文学传统，却在南唐特殊的文学生态环境中继续绵延着。徐铉既像个文化守夜人，敲击大唐文学的暮鼓，又像一个新时代的先行者，撞响宋代文学的晨钟。

徐铉以他的人格力量征服了北宋文人，成为宋初士风瓦砾堆上一面高高树起的旗帜。与他同时入宋、与其政治地位和文学影响大体相当的还有一个人，那就是李煜的宠臣、原南唐政坛红人张洎。此人的文才、学识都不下于徐铉，入宋后在政坛上更是如鱼得水，颇受宋太宗的重用，宋太宗多次称赞张洎，许为文学第一，并最终让他坐到了副宰相的位子上。曾经有一些研究徐铉的文章，把他晚年的悲剧完全归结于时代，归结于宋政权对南唐“归明人”的猜忌，我不同意这种看法。其实徐铉的悲剧主要还是性格悲剧，比较他和张洎入宋后不同的仕宦经历，就可得出这样的结论。张洎虽然在新政权里依然春风得意，但他在宋初文学界的作用与影响却无法与徐铉抗衡，最重要的原因就是他代表五代文人风格，急功近利，缺乏操守，虽然在一定的时段内可以为宋初统治者提供智力上的服务，但却无法为宋初疏离五代、涵养士风提供有价值的精神资源，这样的五代文人“遗少”最终会被时代所抛弃，不仅重用他的宋太宗从人格上看不起他，就连自己的女婿杨亿也没有给他好的评价。随着社会思想秩序的重建，宋人的道德自律逐渐加强，人们对张洎的品行也越来越挑剔，他几乎作为一个反面典型出现在北宋文人的回忆中。而徐铉却恰恰相反，他有着传统文人的高尚风节，有在宦海浮沉中的一份坚持与从容，这一点与五代大部分文人是不同的，徐铉因此受到北宋文人的推崇。

徐铉的诗文中时常表现出一种深沉的忧郁，这种忧郁既有对国家命运的担忧，也有对自己人生理想和价值的追问。我们在成熟的宋人诗歌中也经常会读到这种博大的忧郁感，有人甚至认为，“忧郁”是宋人诗学精神的底色。徐铉虽然也在诗歌中常常透露出对林泉生活的向往，但他毕竟做不成乱世中独善其身的隐士。我们读他贬谪期间的创作，不要为其常常标榜的高蹈理想蒙住眼睛，因为他毕竟还是那种身在江湖、心存魏阙的人，虽然生在乱世，也目睹了李昇篡吴的阴谋，但他对南唐政权还是颇有好感的。当然这不仅仅是因为自己大部分时间为这个政权工作，更多是因为南唐在人文精神上以唐朝的继承者自居，这一点与徐铉的心理需求是相契合的，他曾经在《送谢仲宣员外使北蕃序》写道：

> 昔我太宗文皇帝革暴隋，一宇内，屈己济物，虚心纳谏，故四夷君长，历代不宾，稽颡阙下，可谓德矣。声明文物，垂三百年，绝而复续，可谓礼矣。苟使逾百千代之有国家者，犹当企耸下风，奉行不坠，况中兴之嗣君乎？
>
> ——《全宋文》卷二〇

由这段文字可看出徐铉并没有在精神上把自己的国家当作偏安政权，而是强调与大唐王朝的传承关系。这样的思想可能有一定的社会现实背景，但也必定寄托着自己对南唐政权的厚望。不幸的是，南唐江山还是大唐帝国旧时的部分江山，但南唐的统治者却终究作不成大唐盛世的统治者，徐铉心目中的“太平盛世”只是个一厢情愿的梦幻。

徐铉的诗歌创作理论对宋代文学思想也有独特的贡献。他说：“人之所以灵者，情也；情之所以通者，言也。其或情之深，思之远，郁积乎中，不可以言尽者，则发为诗。”（《萧庶子诗序》，《全宋文》卷二一)诗歌重情是晚唐以来的诗风主流,词的兴盛也与这一文学思想发展有很大关系,但是徐铉的诗歌创作更关注自我情感的抒发,这对宋诗视角的内转,或有启发。关于诗的功用,他认为:"诗之旨远矣,诗之用大矣。先王所以通政教,察风俗,故有采诗之官,陈诗之职。物情上达,王泽下流。及斯道之不行也,犹足以吟咏性情,黼藻其身,非苟而已矣。"这样的诗学思想显然秉承自《诗经》以来的兴观群怨传统;但是他也比较重视诗歌创作不同于一般文学创作的特殊性:"嘉言丽句,音韵在成,非徒积学所能,盖有神助者也。"(《成氏诗集序》,《全宋文》卷二一)评论者历来不太关注他的这个看法,我认为这倒是唐宋诗学嬗变的一大关捩。诗发于情本于道,是宋以前诗歌思想的主流,而关注其自身"别是一家"的性灵特点,则是自宋之后渐渐被论及的话题。晚唐五代以来,关于"天授文采"的传奇故事越来越多,正是这一诗学思想嬗变的反映。

谈到徐铉的时候,人们往往还喜欢谈到他的小说创作。他的《稽神录》讲求征实、语言质朴,对宋人笔记小说的发展有一定的影响。徐铉兄弟二人都以博物洽闻之名,特别是徐铉,不仅工篆书,校《字说》,写《棋谱》,而且还精于典章故事,这也是宋人所特别艳羡的。我们看北宋中后期著名文人,哪个不是身兼学者和诗人双重身份的?这样的文人在唐代和宋初尚不多见,徐铉在这一方面也算得上开了宋人风气之先。

*** *** ***

徐铉是一朵盛开在乱世里的文学奇葩,虽然影影绰绰地看到理想中的太平盛世,但这个世界却始终与他有着隔膜。他最终凋零在本属于他的时代里，由他传承的斯文之一脉，却成为开启北宋文人文化大门的一股重要推动力，写宋代文人史，不能错过这位生活在别处的江南才子。徐铉在自己的《稽神录》里，讲了不少千奇百怪的神灵故事，不知他自己死后是不是也会有灵魂，死后的世界是不是也像他小说中写的那样奇丽而怪异？

柳开：男儿本自重横行

复旦校园的光华楼前，有一尊叫“诗思”的青铜雕像——头戴斗笠身披长袍的瘦削老者，骑在一匹同样瘦骨嶙峋的驴子上，正匆匆地走在历史的某一时刻中。这位老者在我的心目中是王安石，是苏东坡，是陆游，是蒋捷……但他一定不是柳开。我心目中的柳开，绝不要骑一头颤巍巍的小毛驴，他应该骑一匹高头大马在沙场上奔驰，要不他怎么会吟出“碧眼胡儿三百骑，尽提金勒向云看”这样豪气冲天的句子？我心目中的柳开，绝不会低头沉思、推敲词句，他应该是按剑怒目、捶胸顿足，恨不得在一夜之间就创造出一个上承大唐气象的新时代。

柳开(947—1000),北宋著名古文家,不少北宋文学史著作喜欢以他为开篇话题,似乎宋代文学是从这里开始了涓涓细流,并最终汇成大江东去的波澜壮阔。不过可惜的是,史家们对柳开的评价通常并不高,似乎他只是一个空头文学家,他的文学作品只有放在欧阳修、苏东坡的诗文革新流程中才有意义。我想心高气傲的柳开如果地下有知,一定会发出一声悲愤的长叹。柳开绝对是一个有故事、有话题的人,不过与人们心目中温文尔雅、喜欢填词作赋的大宋文人不同,他似乎直接从李白的盛唐穿越到北宋,背负一把长剑,“十步杀一人”、“剑歌易水湄”。柳开狂放进取的性格、壮怀激烈的豪情并不为北宋士林所认可,野史笔记中甚至把他说成是嗜食人肝的变态狂。柳开不是什么杀人魔,但作为大宋王朝培育的第一代文人,他的确是大宋文人中的另类,他之后的大宋文坛,再也没产生过这一款文人。

这位柳开是何许人也?

书生本色是剑客

如果对北宋文人进行武功排名，柳开保不齐能名列前茅。并不是说他如何内功了得、剑招高妙，只能说大宋文人很少见像他这"铅刀贵一割"的铁血书生。柳开五岁开始读书向学，在纷扰的五代乱世中度过了自己的童年时光。乱世里拼的是军事实力，文人往往并不值钱，这种世道最重要的生存攻略有两条，一是拳头硬，要生存能打得过；一是腿长，想逃命能跑得快。而在城头变幻大王旗的间隙中摆放一张安静的书桌，对乱世百姓来说，算是一件非常奢侈的事情。虽生于乱世，但和大多数人不同的是，柳开既有读书之志，也不乏豪侠之气。书生本色是剑客，有关他的史料记录中，有几处写到了他的"剑"，我甚至认为，他就是提着三尺龙泉宝剑，怒气冲冲地出现在大宋文人史上的。

史书记录了他十三岁时的一件事，那是后周显德六年(959)夏秋之际，后周王朝正在孤儿寡母的打理下摇摇欲坠，大宋王朝就等在转过年来的岁首向五代乱世作别。按照以往经验，王朝更替之时对老百姓来说是最危险、最黑暗的时节，但却是各种魑魅魍魉、鸡鸣狗盗之徒的大好时光，他们往往要趁天下大乱时跳梁而出、为非作歹。某日天刚刚擦黑，柳开一家人正关起门来在庭院里乘凉闲聊，盗贼竟然毫不避讳地登堂入室了。家人听到盗贼在屋里翻箱倒柜的声音，都吓得噤若寒蝉、一动不动，生怕惹恼了盗贼招来杀身之祸——要知道乱世中的一条人命，有时候尚不及草芥、蝼蚁。中国“聪明人”最喜欢的生存策略是“事不关己，高高挂起”，这种想法无代无之，倒也无可厚非；但事到临头连自己的门前雪也不敢扫，畏惧退缩，媚俗媚盗，这可的确是典型的衰世之风。柳开自幼饱读圣贤书，喜欢舞刀弄枪，此时如不见义勇为，将来有何面目自立于天地之间？他在家人们都手足无措的当口，悄悄潜回自己的房间，取出练习剑术时使用的宝剑，站到当庭大喝一声，作势要仗剑捉拿贼人。“邪不压正”是世间真理，坏人大抵做贼心虚，禁不住正义者的一声怒喝，即使对方只是个十来岁的儿童。闯到柳家的强盗被柳开一喝，自己先乱了阵脚，冲出房门想溜之大吉。有宝剑在握的柳开紧追不舍，盗贼慌慌张张、走投无路，竟然蹿上了墙头逃跑。柳开个子矮小上不了墙，就跳起来奋力向墙上的盗贼砍了两剑，竟然把对方的脚趾砍下两只来。可怜的盗贼不仅一无所获，反而被小孩子追得狗急跳墙，最后还被砍掉了脚趾，估计他在很长一段时间里都会成为盗贼界的笑柄。

少年柳开仗剑击盗的事迹在当时颇为轰动，他和那把砍下盗贼脚趾的宝剑，都成了当地的传奇。长大后的柳开依然豪气满怀、剑不离身。这里恰巧有一个小故事，也是与他的剑有关。有个叫胡旦的文人恃才傲物，曾放言“应举不作状元，仕宦不作宰相，乃虚生也”，后来他果然在宋太宗朝中了状元，更加狂傲的不得了；柳开是宋太祖朝的进士，虽然科场并不顺畅，但毕竟是大宋第一届天子门生，说起来也是目无余子、眼高于顶。有一天，胡状元模仿孔子编《春秋》的体例，新撰成一部《汉春秋编年》，自我感觉非常不错，于是就邀请柳开前来赏读。柳开欣然赴约，当然没有忘记携带他的宝剑。史料上是这样记载接下来发生的事情，文字不长，但颇见柳开性情，我们不妨引来：

> （柳）开从其招而赴焉，方拂案开编，未暇展阅，开拔剑，叱之曰："小子乱常，名教之罪人也！生民以来，未有如夫子者，至若丘明而下，公、穀、邹、郏数子，止取传述而已。尔何辈，辄敢窃圣经之名冠于编首！今日聊赠一剑，以为后世狂斐之戒！"语讫，勇逐之。旦阔步摄衣，急投旧舰，锋几及身，赖舟人拥入，参差才免，犹斫数剑于舷，聊以快愤。
>
> ——〔宋〕释文莹《玉壶清话》卷三

柳开兴冲冲地赴约，打算好好欣赏欣赏胡状元的大作。但是书还没来得及打开，仅仅看到封面"汉春秋"几个字他就按捺不住心中的怒火，拔剑怒喝，嚷嚷着要取胡状元项上人头。柳开为何如此大怒？原来他一直以恢复儒家道统为己任，那胡旦侵犯圣人知识产权，居然敢盗用"春秋"之名为己用，在他看来，这种"乱常"的行为比入室偷盗更可恨，不杀之不能平心中之愤。可怜胡状元是个君子动口不动手的斯文人，从没见过这种要人命的阵仗，吓得提起衣襟来撒腿就跑，史料里说的"参差才免"，意思是宝剑差一点就砍到身上了，要不是被船上的工作人员拉扯着保护起来，胡状元就算能保住小命，恐怕也要被砍掉几个脚趾头。这段文字非常生动传神，柳开那愤怒至极、用宝剑大砍船舷的声音，具有极强的历史穿透力。由柳开的剑，我倒是想起一事，近年来，自某女士通过大众媒体分享了她读《论语》的心得后，社会上掀起一股阅读《论语》的热情。这位女士的学术观点是可以商榷的，不过单从引起大众对《论语》的关注来看，其"国学"传播之功不容忽视，这应该是件值得拍手称快的好事。我最痛恨有人不好好静心读书，稍微翻了几遍《论语》，就开始在网络上乱晒自己对孔子的"新"发现、"新"感悟，嗜痂成癖、厚诬古人——如果这路货色不小心穿越到宋代，柳开的这一剑是必定逃不过的。

如果仅仅是精于一人之敌的剑术，或偶尔发发匹夫之怒，柳开还当不起"铁血书生"之誉，难能可贵的是，他对社会有一种担当之勇，这与五代文人有着明显的不同。北宋初年天下并不太平，宋太祖、宋太宗兄弟虽然一心算计着怎样削减武人的势力，但一时还找不到合适的人选来取代那些跟着自己打天下的铁哥们。宋太祖倒是搞了几出"杯酒释兵权"的大戏，迫使一些实力派军阀放弃兵权，但只不过用自己的贴身保镖替换了那些军事大佬，换汤不换药，执掌军政的还是武人，这样下去不几年，这批新军事长官依然会对皇权产生威胁。这个问题如果解决不好，大宋是无法终结五代宿命的。虽说到了北宋中后期，文人典兵已经成为常态，但是在柳开的时代，军队中的确很难看到文人的身影。这一方面是五代军人乱政的积习使然，武人对文人参与军政，习惯上抱有一种轻视的态度。且不说那些握有重兵的军阀，就是宋太祖赵匡胤本人，私底下也瞧不上文人，他怎么可能放心地把军队交给文臣呢？另一方面，虽然“投笔从戎”曾是大唐文人激情满怀的梦想，甚至出现过高适、韩愈这样建立过军事功勋的文人，但是经唐末五代近百年的乱世纷扰，武人已是引领历史走向的主导力量，文人精神早已卑弱不堪，新兴的大宋王朝还没有培养出能“上马击狂胡，下马草军书”的文人将帅。常抱杀敌报国之心的柳开适逢其会，得风气之先，他四十岁时给宋太宗上了一封请愿书，表示要放弃文官职位而参加边防军，到宋辽边境去报效国家。在这次上书之前，柳开曾与同事打架而被降职查办，宋太宗看到这封请愿书后很高兴，恩准他官复原职，并没有真的让他参军。柳开觉得皇帝误会了自己上书的意图，于是再次上书提出参军报国的意愿，他说：“今匈奴未灭，愿陛下赐臣步骑数千，任以河朔用兵之地，必能出生入死，为陛下复取幽蓟，虽身没战场无恨。”宋太宗这次批准了他的请求，于是他正式由文职官员变成一名将军，这大概是宋史上最早的文官从军记录，此事发生在文人地位逐步上升、武人地位逐渐下降的时代，实在是一桩意味深长的政治文化事件——大宋王朝整体偏向文人社会转型，这正是一个明显的信号。

站在“红袖添香夜读书”的北宋文人群体中回望柳开，我们会发现他和他那把砍人脚趾的宝剑，的确是大宋文人史上的异数。

扶摇谁借东风力

“学成文武艺，售与帝王家”，对于北宋读书人来说，通过科举考试踏入仕途是最理想的人生。宋初科举考试承袭唐五代旧制，试卷并不糊名，主考官可以看到考生的名字。这种情况下举子参加考试，往往要做不少“场外功夫”，得到强有力的汲引和推扬，考中的把握会更大一些（有关科举考试的故事，请参阅拙著《红裙争看绿衣郎：大宋东京往事》，上海书店出版社）。考生为了自己的前程计，往往要上书求见那些能左右自己命运的“贵人”，向他们奉送自己满意的作品，以求对方赏识。古人对这种行为有个专门的词汇，称之为“干谒”，唐朝文人尤其擅于此道，即使诗仙李白、文豪韩愈也不能免俗——“生不用封万户侯，但愿一识韩荆州”这种超级拍马文字，即出于李白著名的干谒文《与韩荆州书》，而韩愈的三篇《上宰相书》更是干谒文中的极品。

柳开虽然一身豪气，但要想在大宋的政坛和文坛发出声音，光凭着三尺龙泉剑是做不到的，他也要去干谒当权者，希望得到一展胸襟的机会。宋代举子要参加礼部主持的科举考试，往往需要获得地方上的推荐，柳开二十四岁时向时知大名府的王祐“三投刺而四奉书”,恳请王知府推荐自己。这几封干谒书信写得洋洋洒洒、气盛言宜,虽说是有求于对方,但并不奴颜婢膝、曲意奉承,字里行间表现出大宋文人那份特有的从容与自信。柳开的这些书信与韩愈文风很相似,称得上是唐宋干谒文的精品。我们读读他给王祐第一书的开头部分,看看一个初出茅庐的学子是怎样说服父母官接见自己的:

人之生,有幸与不幸也。幸者自知,而不幸者谓人莫之知也。蠢然徒若类而已矣:或出夷狄之中,生不识其礼义,死不知其丧祭,不幸也欤!或在中国,生不成人而夭,或聋,或瞽,或瘖,或痼,或狂,或愚,皆疾之废也,不幸也欤!或生当乱世,战伐交兴,相之以贼杀,拘之以俘虏,旦不安其游,夜不宁其居,不幸也欤!或生困于贫饿,隶人之驱役,受人之制限,贱若于犬马,苟乎衣食者,不幸也欤!或生为兵,习于弓矢之劳;生为农,勤于耒耜之业;生为工,力于刀斤之用;生为贾,务于衡斛之任;难乎自足者,不幸也欤!或生溺为老、佛之徒,淫于诞妄之说;生处乎典吏之职,掌于赏罚之繁者,不幸也欤!是故君子笃道而育德,怀仁而合义,恶夫不幸者也?自古圣人贤士,无不惜乎此矣。生而幸者,少其人哉!

——《上大名府王祐学士书》,《全宋文》卷一二〇

写此信的目的是希望长官施以援手,说起来是有求于人,就算不奴颜婢膝,也往往在人屋檐下怎敢不低头。干谒书信既能打动

对方，同时自己也能不卑不亢，这是非常不容易的。柳开这封信凭空起笔，以“人之生，有幸与不幸也”引出话题，然后一气贯下，如长江大河、汪洋恣肆，通过一连串的类比，发出“生而幸者，少其人哉”的感叹，为下文请求王祜接见自己蓄势。文章接下去的部分一仍这种纵横捭阖的文风，大意是自己能有机会在太平之世读圣贤之书，能有缘分拜于同好古道的王祜之门，这正是时代赐予的幸运——“开颇有自知之幸也，敢请见焉。执事倘不罪而宽容之，成乎开之大幸矣”。“开”是柳开自称，“执事”指的就是干谒对象王祜。一次地方长官接见士子的普通公务活动，经柳开一篇干谒书信的阐释演绎，竟然拥有了深刻的历史感和丰富的现实内涵，宾主双方能站在完全平等的角度对视，确实体现了柳开特有的文人风骨。

柳开的这次干谒达到了预期效果，初出茅庐的他得到人生第一场“东风”——王祜接见并大力推扬，他由此信心百倍地走出书斋，打算在北宋的政坛上一展胸襟。不过漫漫人生路，未必总是能遇到懂自己的人，他的下一场干谒活动即遭到了惨败，这次他干谒的是大宋另一位传奇文人——李昉。李昉，我们在前面的章节中刚刚讲了他的故事，说到了那场让他百口莫辩的“科场舞弊”案。柳开也参加了李昉主持的那场考试，考前他曾给李昉写了一封信，希望得到李昉的赏识。这封《上主司李学士书》是篇很有趣的文章，也只有柳开这样激切、直爽的性格，才能写出如此天真偏执、甚至有些寓言风格的文字。在信中他大谈君子小人之道，认为“夫世有君子小人，则有毁誉。毁誉苟不以其道，则君子小人是非不为当矣”。为什么好端端的却向主考官谈起这个沉重话题呢？原来他自头年秋天到京城应举，所写的文章受到不少有识之士的称誉，按照他的逻辑，那些称誉自己的人自然都是“君子”；不过在这些赞扬之声中，又隐隐约约传出些毁谤自己的声音，据他估计，十个人中总有那么一二个人在说自己的坏话，毫无疑问，这些说自己坏话的人一定是“小人”。柳开希望李昉不要听信那些“小人”的毁谤之辞，一定要在考试中录取像自己这样的“君子”。

为了说服李昉，柳开还在信中讲了自己的曾祖柳璨考进士的故事。按照他的说法，当年的主考官赵光逢共录取了二十七名进士，原本打算把柳璨放在最后一名，发榜前有人知道了这个消息，就马上给赵光逢写信毁谤柳璨。这位主考官大人性格比较执拗，大概也像当年吴越争霸中的文种那样，坚信“狂夫多贤士，众贱有君子”的人才观，因此他看到“小人”送来的谤书，不仅没有让柳璨“名落孙山”，反而往前提了一个名次（唐朝科举考试曾流行“公榜”，考试名次有可能在考前就已然排定，但的确也有可能临时调整名次）。事情到此并没结束，也不知作为进士最后一名的柳璨到底为何得罪了那么多人，总之发榜前不断地有人写信来诋毁他，前前后后加起来竟然有二十六人之多。赵考官并不为这些流言蜚语影响自己的判断，坚持认定柳璨是位“君子”，于是每收到一封诽谤柳璨的信，他就把柳璨的名次前提一位，二十六封信之后，柳璨竟然被提到“榜眼”的位置上。柳开感慨说：“是岁也，赵下二十七人，故我先君名止于第二。苟是时书未止于二十六人之毁也，即必冠乎首矣。”意思是那些毁谤自己曾祖柳璨的小人还不是足够多，如果再多一个，那我家祖爷爷就能当上状元了。柳开向李昉讲的“家史”多半是他自己伪造的，目的就是希望李昉也能像赵光逢一样，排除“小人”的干扰，坚决录取自己，成就一段历史上的佳话。只不过李昉也是一位特立独行的拗书生，他偏偏不喜欢听柳开的“故事”，毅然决然地在考试中黜落了他。

李昉主持的开宝六年科举考试被宋太祖认定舞弊，然后宋太祖亲自主持重考，已落第的柳开又获得了一次重新安排自己命运的机会。但不幸的是他重考依然落榜。好在他考前还曾给另一位大臣卢多逊写过干谒书信，卢多逊是李昉的头号政敌。柳开虽然在李昉这里碰了个大钉子，但卢多逊却非常欣赏他，看到他再次落榜，就专门向宋太祖推荐了他。宋太祖召见了柳开，据说对这次会面非常满意，特别开恩赏赐了柳开进士文凭——柳开终于如愿成了大宋王朝第一届“天子门生”。

不过这次“东风”来自于大臣卢多逊，拜宋太宗所赐，此人后来因卷入“秦王谋反案”而身败名裂，在宋史上的名声并不太好——不过真相究竟如何，说起来也是个长长的故事，这里就不赘言了。

囊中雄文君识否

柳开擅长射箭、精于棋道，虽然没有文献记载说他是个剑术高手，但十三岁就能追得强盗“狗急跳墙”，想来剑术也堪称道。他的这些爱好与大唐文人非常相似，那诗仙李白不就声称自己年少时曾仗剑行侠、甚至还“手刃数人”吗？与宋初以后大部分文人明显不同的是，柳开似乎没有多少音乐细胞，要知道自宋词开始流行后，不少文人都是颇有造诣的音乐家，琴、棋、书、画，几乎成了大宋文人的标配。

有一次听朋友弹琴，作为音乐盲的柳开竟然在听的过程中潸然泪下。琴师朋友非常感动，称赞他是懂音乐的知音，居然能够听得出自己寄托在琴声中的忧郁情感。柳开常以正人君子自居，知之为知之，不知为不知，一点儿也不肯“装”，他向朋友坦白说，自己的的确确不懂音乐，琴声中无论是寄托着“峨峨兮若泰山”的闲情，还是“洋洋兮若江河”的逸致，他柳开都一概欣赏不了，对他弹琴大概比对牛弹琴强不了多少。那自己为什么会感动得流泪呢？其实只不过“借他人酒杯浇自己块垒”罢了。他看到琴师朋友那样全身心地投入演奏，把自己所有的心事与向往都托付在叮叮铮铮的琴声中，根本没有在意那聆听的人是不是懂他的人。“古调虽云好，今人多不弹”，触动柳开心弦的并不是这悠扬的琴声，而是琴师那份孤独与坚持。他由此联想到自己的命运——寒窗苦读二十载，希望能重续几乎被五代乱世摧毁的一脉斯文，但囊中雄文却无人能识，这与将心事托付给无人能懂的琴声何其相似！“因子琴之悲而切，自感而自悲也”，柳开哭的不是朋友的琴声，而是自己复古路上“微斯人吾谁与归”的寂寞！

柳开志在恢复古道，一心想重建自孔子、孟子以来的儒家道统，但大部分时间得不到周围人的认同，甚至还会常常遭到世俗的冷落。他生活的宋初，虽然还没有彻底摆脱五代的阴影，但已经隐隐初具大朝的规模，乱世习气渐行渐远，文人地位逐步提高，一心想要像大唐文人那样建功立业的柳开，是不会甘心沉寂于这样一个美好时代的。他年轻时曾声称隐居于郊野，但并没有真的遗世高蹈，而是利用远离喧嚣的短暂时光，潜心完成了几部重要著作，一旦感觉出山的时机成熟了，他会立刻满腔热情地投入到现实政治中。参加科举考试不仅需要干谒，按规定还要向主考官送自己的习作，别的考生送文章时只不过挑点自己平时得意的作品，可柳开却故意穿着复古风的服装，推着一车作品送到主考官的办公地点，把自己多年坐冷板凳的成果都献上去。不过这一车文章毕竟没有打动主考官，他还是名落孙山了。当时有个叫张景的举子，文章写得漂亮，人家只送了一篇文章就获得主考官的青睐，并因此得以高中，于是柳开在很长一段时间里，竟成了赶考举子间的笑柄，人们说“柳开千轴，不如张景一书”。其实柳开之所以得不到主考官的重视，并不是他的文章太多或写得不好，一方面他的脾气急躁，看起来的确不太讨人喜欢，在大家都得过且过、“闷声发大财”的时代，他显得很另类；另一方面其实更为重要，他的文学观念对当时来说的确太前卫了。宋初科举考场流行的文风是“元白”款，浅白流畅、属对工整，多有媚俗之态；柳开以鼓吹儒学复兴为己任，追求的是“韩柳”风，自然入不了那些五代遗老遗少的法眼。

不过就算囊中雄文无人能识，就算志于古道无人喝彩，柳开也要坚守着自己的梦想。别人指责他不识时务，说他“处今之世，好古文与古人之道”，“众人所鄙贱之，子独贵尚之”，最终一定会落个穷饿而死的下场。柳开并不畏惧，他解释了他所谓的古文是什么：

> 古文者，非在辞涩言苦，使人难读诵之，在于古其理、高其意，随言短长，应变作制，同古人之行事，是谓古文也。
>
> ——《应责》，《全宋文》卷一二六

这里面有个小小的文学史常识，我稍稍科普一下。之所以说柳开是北宋文人中的另类，不仅仅着眼于他那壮怀激烈的性格，其实也与他的文学主张有关。宋初承晚唐五代文风，社会上流行的是属对工整、雅好用典的骈文，而像韩愈、柳宗元那样的文章，在宋初是没有市场的。骈文当然有骈文的好，它最大的好处是格式固定、套话连篇，这至少不会造成阅读的障碍。古人的读物都没有什么标点符号，“句读”是读书人的入门功夫。如果流行的是骈文，至少在句读这一问题上，大家都不会出现什么阅读障碍。但是古文则不然，它往往奇句单行，“句读”成了大问题，没有相当的文史功底，是很难顺畅地读通一篇古文的。这样看来，在标点符号还没有推广的古代，古文的确不具备大众流行的要素——这大概也是柳开一车文章无人欣赏的真正原因吧！

柳开宣称“吾之道，孔子、孟轲、扬雄、韩愈之道；吾之文，孔子、孟轲、扬雄、韩愈之文也”。生逢时代大变动之际，柳开对重建儒家道统有着一份沉重的担当感。他在文章中多次谈到“君子”、“小人”的问题，他的“君子小人论”主要基于他是非分明的性格，注重的是文人品格。柳开不屑于追求热烈的掌声，他坚守自己的精神家园，告诉宋代文人应该怎样才能免于五代那样的堕落。他对士人道德修养的强调，使得宋初士风涵养在其内在发展理路之外，也平添了一些社会舆论力量的守护。柳开一生中虽然也饱经宦海风波，数度起起落落，但他的几次贬斥都与其刚烈的性格有关，这与宋初以后大多数行走在贬谪之途上的文人不同。柳开在公元十一世纪的第一个春天里去世了，在此后不久，北宋迎来了自己的全盛时期，有着大宋王朝独立性格的“西昆体”文学也出现了，宋代文学呈现出新的面貌。宋代文人更换了一副全新的面孔，他们既无盛唐的张扬，也没有五代乱世的卑弱，他们是大宋文人。

* * *　　* * *　　* * *

在去世的前一年，柳开上书宋真宗，希望真宗御驾亲征、荡平北方的契丹势力；他甚至不顾自己年老体衰，再次要求率领三五千人马做大军的先头部队，去为国家征战沙场。“男儿何不带吴钩，收取关山五十州”，柳开从唐人身上承继而来的豪侠之气，虽然没有成为宋代文人主流性格，但确实也是构建他们精神世界之重要一维，特别是习惯上被称为“爱国诗人”的宋代文人，如辛弃疾、陆游、文天祥等。对宋初以后的文人来说，豪气在他们的生活中逐渐转型，化为文学作品里的汪洋恣肆，化为文化学术上的创新自立，甚至化为朋党政治中的壁垒分明，“书生本色是剑客”已不再是宋人的主流价值取向。不过这一切已经与柳开无关了，作为由唐风入宋调的引路人与守望者，他已经完成了自己的使命。

王禹偁：草根文人的“大宋梦”

王禹偁深受北宋文人尊敬，这种尊敬与其说是出自对他文学成就的赞叹与欣赏，不如说是出自对他人格的认同，对他所树立的新时代文人风范的钦仰。宋人当然有许多崇拜的文人，比如他们喜欢陶渊明，喜欢白居易，或者推崇韩愈、柳宗元，但是只有在王禹偁的性格与命运中，他们才找到自己最熟悉的影子，他们同情与尊重王禹偁，其实就是在同情和尊重他们自己……

对于宋朝的文人来说，他们的“大宋梦”就是“春风得意马蹄疾，一日看遍长安花”的惊喜，就是“朝为放牛郎，暮登天子堂”的荣耀。因此，草根出身的王禹偁在宋代文人史上，具有非常重要的典范意义，他不同于英气勃发、激情四射的大宋新文人柳开，也不同于少年早贵、雍容矜持的五代旧臣徐铉，他的成功被宋朝文人不断复制，成为文人实现自己“大宋梦”的经典案例。他去世半个多世纪后，北宋著名文人欧阳修因为一场莫名其妙的弹劾，被贬到了王禹偁曾经工作过的滁州，在琅琊山看到王禹偁的画像，欧公写下了这样的诗句：

偶然来继前贤迹，信矣皆如昔日言。
诸县丰登少公事，一家饱暖荷君恩。
想公风采常如在，顾我文章不足论。
名姓已光青史上，壁间容貌任尘昏。

——《书王元之画像侧》

王禹偁在宋代文人的心目中，享有崇高的地位，不仅因为他身上有自屈原承继而来的中国传统文人的高贵品格——三黜不悔、生死以之，更因为他的命运与宋代后世正直文人有太多相似的地方，很容易引起他们情感上的共鸣。既然说到命运，我们就从北宋普通读书人的命运，从那个七八岁就能吟诗作对的农家孩子开始说起吧。

贫家子弟 文坛巨擘

王禹偁(954—1001),字元之,生在一个世代为农的家庭,他们家在五代乱世中辗转流徙到山东济州,从事磨麦制面的营生,日子过得紧紧巴巴的,经常要向亲友借贷才能勉强维持生活。这是中国十世纪常见的贫困之家,如果这样一个家庭有幸生活在公元七、八世纪的大唐王朝,没有什么官宦背景,也没有什么雄厚资财,它会像中国历史长河中一颗毫不起眼的水滴,既分享不到大唐的光荣,也不至于颠沛流离;如果他们不幸生活在公元十世纪上半叶的五代乱世中,则不免于流亡转徙、肝脑涂地。总之,这样一个家庭生活在大宋以前的任何一个时期,在历史上发出声音的机会都非常渺茫。但是王禹偁恰巧生在大宋王朝,一个给普通读书人更多机会的时代。

王禹偁虽生于五代之末,不过此时中原地区在后周的经营下,社会已经开始发生着巨大的转变,一个相对稳定的局面正逐渐形成。他 7 岁的时候,大宋王朝成立了,可以说他是伴随着宋朝一起成长的一代,他的童年见证了公元十世纪中国最值得记忆的历史事件。王禹偁小的时候家里虽然很穷,但是他并没有荒废学业,而是跟随"乡先生"学习儒家经典,同时也进行严格的文学写作训练——他的家庭作业是每天写一首律诗。后来他在回忆早年读书生活时，说自己当年“耕桑都不事，园井未曾窥”，全部精力都用到学习上去了。这对于他经济实力有限的家庭来说，实在是了不起的一件事，如果不是有着对将来“直挂云帆济沧海”的预期，他和他贫困的家庭如何能有这样的决心，来坚持这种高成本的教育投入？

王禹偁最喜欢读的是唐朝白居易和元稹的文集，传说他七八岁的时候就能写诗，在济州当地已经小有名气了。有一个关于他的故事流传颇广，说大概在他十八岁的时候，著名文人毕士安到济州做“团练推官”，听说了他的才能，就接见了这位当地有名的才子。毕长官想考考王禹偁的文才如何，得知他家是以磨面为生的小工商户，就让他写一首以“磨”为题的诗。会写诗词的人都知道，越是浪漫的风花雪月，越容易入诗，越是生活中的柴米油盐，越难以用诗词表达。“磨”这个题目前人没有做过，没有什么可以借鉴的，对王禹偁来说是个很大的挑战，可是他没费什么时间构思，张口就吟出四句诗：“但存心里正，无愁眼下迟。若人轻着力，便是转身时。”诗句非常切题，对“磨”这一很难入诗材的寻常事物作了恰如其分的描述，更重要的是，诗中也表达了希望对方汲引自己的愿望，语气委婉，取譬得体，引得毕士安的啧啧称奇，从此把王禹偁留在府中和自家子弟一起读书论学。

有一次毕士安参加官府的宴会，酒席上太守出了一句对子“鹦鹉能言争似凤”，包括毕士安在内的同僚们没有一个人对得出下联。不愿服输的毕士安回到家后把这句上联写在屏风上，抽空就冥思苦想合适的下联。结果这屏风上的句子被王禹偁看到后，他提笔在旁边对了一句下联“蜘蛛虽巧不如蚕”。毕士安从这句下联里看到了王禹偁的经世之志,觉得这个孩子将来一定有大出息,自己不能等闲视之。于是不再以子弟辈的常礼对待他,而是为他置办了正式的衣冠,以规格比较高的“客礼”相见,并亲切地称他为“小友”。据故事的讲述人说,从此王禹偁就正式进入北宋初年文人们的社交场合,在文人圈子里的名气越来越大。这个故事虽然从没有被王禹偁本人提起过,但是却引起后世文人的兴趣。《邵氏闻见后录》、《西清诗话》等宋人笔记都记录了王禹偁早年与毕士安的交往,毕士安的曾孙毕仲游也在为毕士安写的《丞相文简公行状》中记录了这段文坛佳话。

这件事成为宋代文人心目中的一件盛事,人们之所以津津乐道于“磨家儿”成才的故事,在于这件事情本身是一个隐喻,代表着宋代文人心底那份最真实的梦想。虽然科举制度自隋唐就开始实施,但彼时参加科举者的身份还是受到一定的限制,考生往往都是官宦子弟,在朝廷上享有一定的人脉资源;或者虽然出身不显,但是有比较丰厚的财力,能支撑自己在文学社交圈内获得相当高的声誉。而这一切对像王禹偁那样的普通家庭而言,是那么的遥不可及。我们翻看唐朝的科举史,出自无名无势无财的贫苦之家的进士,恐怕是寥若晨星,即使像李白这样的大才子,也很难靠自己的努力去获得一份好前程。而宋代则不同,最高层有意打破家族势力的膨胀,给普通人以更多的机会,从而促进社会尽可能公平、和谐地发展。无论是出身达官贵宦之门,还是来自村野农夫之家,他们在科举上的机会几乎是平等的。事实上宋朝在科举上倒是一直对官宦子弟做出种种限制，在政策上更倾斜于寒族。正是由于这个原因，在宋代我们很少看到有靠财产、权势维持的家族长盛不衰，只有这个家族真正做到“诗书继世长”，注重后代的教育工作，甚至形成源远流长的“家学”，才有机会尽可能长久地保持家族的荣耀，这一点与魏晋南北朝的“士族”有深刻的不同。在这种社会背景下，我们可以看到北宋很多显赫一时的家族迅速没落的例子，不是子孙不善守业，而是大宋王朝没有为这种传统的家族绵延方式，提供政治和经济上的制度保障。没有家族背景的普通人在社会上获得更多的发展机会，这也是古典社会迈向近世社会的一个重要表征。另外，经过北宋几十年的改革、完善，科举考试这种已有着数百年历史的人才选拔方式，在北宋获得新的生机，越来越体现出公平竞争的原则。等到王禹偁在宋太宗太平兴国八年(983)年考中进士时，皇帝为确保公正而亲自主持考试的“殿试”制度已经固定下来，再加上其他一些考试制度的完善，科举考试已经完成了由“门阀时代”向“平民时代”的转型，人才选拔的广谱性是宋代文官制度建设的重要基础。

从科举考试发展史的角度看待王禹偁的命运，我们会发现这种类似于“灰姑娘”或“丑小鸭”的童话，透露出时代转型的信息，宋代文人们由这样的励志故事中看出自己的希望，即自己辛苦治学的努力，其回报是完全可以预期的。王禹偁的成长历程，就成为几代读书人的榜样。他虽然成名很早，但中进士时已经三十岁了，相对于他四十八年的短暂生命，这个“进士”文凭拿得是晚了些，但他还是在自己走上政坛的十八年里，发出了耀眼的光芒。

八年三黜 不屈其道

王禹偁所受到的教育及其人文积淀，同宋代以前的文人并没有什么不同，但他的科举之路却浸润着新时代的雨露，这就使他的命运更具宋代文人的特点。如果说柳开志在恢复逝去的文人理想，那么王禹偁则更多面向新兴的文人政治；柳开在呼唤着大唐文人之风的回归，而王禹偁则开拓了大宋士风构建的新理路。他们虽然生活在同一个时代里，但是出身不同，思想观念不同，对北宋士风建设，也做出不同的贡献。关于这一点，我们从王禹偁三次被贬斥的经历，可以得到很好的说明。

王禹偁第一次入朝任职，深感太宗赏识奖拔之恩，他在诗中写道："小臣踪迹本尘泥，登科曾赋御前题。屈指方经五六载，如今一上青云梯。"(《应制皇帝亲试贡士歌》)清晰地勾勒出自己的发家史。虽然他在京期间也写了不少声称要"吏隐"、自比为陶渊明的诗歌，但是这大都出自传统文人官员的诗歌话语惯性，如果据此认为他遽兴林泉之志，真的不愿为大宋政权服务了，则实在是皮相之论。此时的王禹偁绝无真心"退隐"之可能，这从他第一次被贬出京后巨大的心理失落感即可看出。他在政治上是本想大有一番作为的，进京当年他就向宋太宗上了《三谏书》，表现出极强的参政意识；他还在这一年写了政治寓言《录海人书》，并发表了《朋党论》、《霍光论》、《先君后臣论》等一系列政论文，表达了自己的政治理想和改革时政的愿望。但是事与愿违，初入帝国权力核心的他显然没有把握好"皇权"与"士权"的关系，对整个文人政治发展缺乏更为宏大的思考，虽然表现出极强的"回头恋红药"的"恋阙"心态，但"失脚下云梯"却是他必然的命运。

王禹偁三十岁入仕，前五年在地方官的位置上干得有声有色，三十五岁受到宋太宗的提拔，进入中央政府任职。虽然从此官运亨通，但同时也陷入了流言蜚语的包围中。王禹偁古道热肠，对自己欣赏的后辈学子大力推扬，没想到却引起另外一些举子的不满，这些人制造种种不利于他的流言开始在京城传播。再加上他常常在议论中谈到佛教徒们如何占用社会资源，成为国家的包袱，于是那些无聊举子们就伪造了一篇题为王禹偁所写的《沙汰释氏疏》，在京城广为传播。当时不少僧人在京城很有势力，他们因此对王禹偁恨之入骨。结果王禹偁在京城为官三年，人事环境却越来越差。

进京后王禹偁很快被现实政治淘汰，是缘于一宗意味深长的民事案件。这桩案子涉及宋初大文人徐铉。当时王禹偁还兼任着判大理寺的职务（相当于国家最高纪检部门官员）。案情倒也不太复杂，有个叫道安的尼姑状告其兄萧献臣、嫂姜氏不赡养父母，罪名如果成立，这在宋代是很重的罪过，被告人十有八九要被处死。这里面的被告人姜氏是徐铉的内侄女，自小因无所依靠，就在徐家长大。徐铉大概不忍心看到姜氏被判不孝的罪名，因此给负责审理此案的开封府判官张去华写了一封信，结果张去华不知采取什么手段把案子给压下了。当时皇帝与民间的沟通还是很有效的，道安很快告准了御状，并把张去华、徐铉都扯进来站到被告席上：告张去华官官相卫，告徐铉与姜氏有奸情。宋太宗勃然大怒，让大理寺来审理这个案件。结果王禹偁等人并不了解太宗大兴"诏狱"的本心，在情法尺度上显然偏向于徐铉。在这一案件中，宋太宗最关心的并不是南唐降臣徐铉的私生活，官员间那种不正当的结党营私，才是宋太宗最为反感的。但是王禹偁等人把案子的重点放到道安的诬告上，显然有避重就轻之嫌，难怪宋太宗一气之下，把参与审理此案的官员全都贬职，这在宋代司法史上还是比较少见的事情。对这次因"不体圣意"而被贬，王禹偁总算还能接受，他曾经说："始贬商於，实因执法；后出滁上，莫知罪名。"对自己的"商於之贬"并没有特别发出牢骚，倒是第二次贬斥，他却发出"莫知罪名"的申诉，这是为了什么呢？

王禹偁的第二次与第三次贬斥，都与他对宋太祖的看法有关。宋太宗很看重他的才能，而且对他的性格也比较了解，召他第二次回京城任职时，还专门对宰相有过交代："禹偁文章，独步当世，然赋性刚直，不能容物，卿等宜召而戒之。"如果王禹偁改变自己的处事方式，固位保禄，随时俯仰，就会像五代许多无行文臣那样，在京城过上优裕的生活。但他再次入京，丝毫不改一身刚正之气。特别是他以翰林学士、知制诰的身份兼管皇帝诏令发布机关事务后，皇帝命令有什么不妥之处，他就"改更宣命，封还敕书"，拒绝执行中书决策并经皇帝同意的命令，把相关文件退回到决策机构“再议”。虽然说自唐朝以来，朝廷中就有“封驳司”这一机构设置，专门审核经皇帝签署的诏令是否有问题，但是这个机构在君主专制体制下，实际效果并不理想，大多数时间是个“摆设”，没有多少官员愿意冒着得罪皇帝的风险去实施“封驳”的权力。王禹偁频繁使用这项权力，势必引起宰执大臣和皇帝的不满，即使表面上还不得不做出尊重这一传统制度的姿态，当权者们大概也在寻找一个合适的机会把王禹偁调离这一岗位，机会很快就被找到了。宋太祖赵匡胤死后，据有关史料，他的遗孀宋皇后可能参与了宫廷斗争，但显然不是宋太宗赵光义的对手。宋太宗上台后，为了收拢人心，对这个前皇后表现出一定的尊敬，虽然还称她“皇后”，但是也一直心存芥蒂。至道元年(995)宋皇后去世了，宋太宗并没有以真正皇后的礼仪来安葬她，这在当时的政坛上是一个非常敏感的话题。宋太宗这么做也自有他的用意，他上台后最担心的就是人们质疑他皇位的合法性，所有牵连到赵匡胤的问题都可能触动他那根最脆弱的神经。因此，他绝对不会把宋皇后的葬礼搞得太风光，从而引起人们对二十年前“烛影斧声”的再次回忆与追问。他手下那些大臣们当然也懂得这个道理，索性都在这个事情上装糊涂。

朝廷上对宋皇后葬礼的敷衍了事，引起王禹偁的不满，他曾在一个私下场合发表自己的意见，认为朝廷做得太过分了，宋皇后曾经“母仪天下”，说什么也应该根据礼法按皇后的标准举行葬礼。这样的话很快传到宋太宗那里，引起宋太宗的忌恨，几天后，贬王禹偁为知滁州军州事的命令发表了，而且黜官制词写得极具侮辱性，指责他“操履无取，行实有违，颇彰轻肆之名，殊异甄升之意”。用这样刻薄的语言评价一个说了几句公道话的翰林学士，在宋代历史上也并不多见，如果没有宋太宗的直接指示，词臣恐怕也不会如此失体。宋太宗曾对宰相说：“人之性分固不可移，朕尝戒勖禹偁，令自修饬。近观举措，终焉不改，禁署之地，岂可复处乎？”似乎还是怪王禹偁的刚直不容物，但如果不是王禹偁真正戳到了他的痛处，他是不会做如此激烈反应的。

王禹偁并没有默默地接受强加给他的侮辱，在到达任所按惯例所写的“谢表”里，他没有表露出一丝哀求乞怜之态，他说：“臣粗有操修，素非轻易。心常知于止足，性每疾于回邪。位非其人，诱之以利而不往；是非合道，逼之以死而不随。”表达了自己直道而行、誓不妥协的强项态度。两年后宋真宗上台，王禹偁迎来了他仕途上的第三次发展机会，转尚书刑部郎中，并恢复了当年的散官职务。如果是一般的官员，此时感恩戴德尚恐不及，绝不会再去翻老皇帝冤枉自己的旧账。但王禹偁的谢表却依然透出骨鲠之气，说出上文提到的那句“后出滁上，莫知罪名”的话，再次拒绝了太宗强加给他的罪名。不过太宗有一点大概是对的，他对王禹偁性格的判断非常准确，因为王禹偁返回京城任职还不到两年，就因修《太祖实录》不加避讳和得罪宰相的缘故，第三次被贬出京城。

八年里遭到三次贬黜，王禹偁把一个正直官员在专制政权下可能遭到的命运表现得淋漓尽致。在宋初承五代颓靡士风的背景下，他接连因政治而非品行原因被贬，这本身就是一个标志事件，他站在北宋士风重建的源头向后世文人昭示，应该怎样做一个正直的文人官员，应该怎样去维护自己的信仰。他在《三黜赋》中发出“屈于身兮不屈其道，任百谪而何亏”的呐喊，与半个世纪后范仲淹发出的“先天下之忧而忧，后天下之乐而乐”的庆历士人宣言一起，时时萦绕在北宋文人耳畔，成为构建北宋文人新政治伦理的两块基石。

乐推后进 道义相交

王禹偁在政治上坚持原则，即使对皇帝也不逆来顺受、循默无声，但对后学却是奖掖提携、一腔热情，欧阳修、苏轼能成为北宋文坛的宗主，受这种自韩愈、王禹偁以来的“师道”精神影响非常大。

王禹偁在三十七岁时认识富春人孙何，对其“师戴六经，排斥百氏，落落然真韩柳之徒也”的文章如逢知音，认为大宋建立三十多年来，在政治上、儒学重振上都取得不错的成绩，只是缺少那种“服勤古道，钻仰经旨，造次颠沛，不违仁义，拳拳然以立言为己任”的人，从孙何的文章看，这个后生大概就是这样的人吧！王禹偁这番话虽然是写给孙何的，但亦可看作是夫子自道。他结识孙何后不久，苏州人丁谓也携带自己的作品前来拜访他。这个丁谓后来与孙何同年登第，虽然步入仕途后巧于媚上，终成一代权奸，但他当年却写得一手好文章，王禹偁一读之下，大快己意，认为丁谓的诗学习杜甫的风格并且“深入其间”，而他的散文“皆意不常而语不俗，若杂于韩柳集中，使能文之士读之，不之辨也”。杜甫、韩愈、柳宗元都是王禹偁最尊敬的文人。他在《寄题陕府南溪兼简孙何兄弟》提到自己的读书生活：“篇章取李杜，讲贯本姬孔。古文阅韩柳，时策开晁董”；在《赠朱严》表达自己的文学趣味：“谁怜所好还同我，韩柳文章李杜诗。”他痛恨当时“直道难行”的社会风气，专门向朝廷献三篇前人谏书，其中就包括韩愈的《论佛骨表》。因此在他的话语里，称赞对方文章有韩柳风格，这在当时是极高的评价。他甚至认为自唐朝韩柳兴复古道，二百年后才出现了孙、丁二人来继承韩柳的事业。在他的大力推誉下，孙何、丁谓二人名声鹊起，当时人们称为“孙丁”，无怪乎引起其他举子的嫉妒。

幸运的是，在他们会面的第二年孙何就考中了状元，丁谓也高中同榜第四名。这时王禹偁已经被贬到商州做不签公事、也没有多少俸禄的团练副使了。他在商州贬所读到邸报上孙何高中状元的消息十分高兴，一方面终于证明自己没有看错人，给那些“不勤于道，不力于学，而望人之知”的造谣生谤者一个有力的反击，另一方面也为其道不孤而感到欣慰。为此王禹偁专门给新科状元孙何写了一首诗：

> 昨朝邸吏报商山，闻道孙生得状元。
> 为贺圣朝文物盛，喜于初入紫微垣。
> ——《闻进士孙何及第因寄》，《全宋诗》卷六四

孙何的弟弟孙仅也颇受王禹偁奖掖，孙仅曾把自己的文集《甘棠集》送给他批评，他也给予很高的评价：“新集《甘棠》尽雅言，独疑陈杜指根源。”孙仅与哥哥一起参加进士考试，哥哥得了状元，自己却名落孙山，王禹偁在诗中鼓励他“明年再就尧阶试，应被人呼

小状元”。结果王禹偁还真是有“慧眼识才”的功夫，这次又被他说准了——宋真宗咸平元年(998)孙仅也高中了状元，与哥哥一起书写了“登科记上并龙头”的宋代文人传奇。

不过可惜的是，王禹偁虽然在判断丁谓的文采上没有问题，但是在丁谓的人品判断上却存在重大失误。他在向人推荐丁谓的信中说：“有进士丁谓者，今之巨儒也。其道师于六经，泛于群史，而泝乎诸子。其文类韩柳，其诗类杜甫，其性孤特，其行介洁，亦三贤之俦也。”(《荐丁谓与薛太保书》，《全宋文》卷一五〇)丁谓虽然写得一手好文章，但他后来并没有像王禹偁推许与期待的那样复古兴儒、直道而行，这令王禹偁非常失望。当王禹偁以“轻肆无行”的罪名第二次被贬后，心中承受巨大的压力与委屈，在给皇帝的谢表中直抒自己的愤懑。这时候丁谓颇受太宗重用，已经做到转运使的高位，在王禹偁最需要理解和安慰的时候，丁谓不知出于什么目的给他写了一封信，指责他太过“高亢刚直”，不能与同僚好好合作。这封信引起了王禹偁的不满，他在回信中毫不客气地批评丁谓，说他不过是中了一个进士，当了一个朝廷命官，就想“与世浮沉，自堕于名节”，实在是太令人失望了，批评丁谓之流是“以成败为是非，以炎凉为去就者”。丁谓还在信中说：韩愈不当责备谏议大夫阳城不谏小事，以此暗讽王禹偁不懂为官之道，王禹偁也给予态度鲜明的反驳，他在信中用了“吾曰”这样非常严肃的语气谈了自己的看法：“退之皆是也。夫守道不如守官，《春秋》之义也。今不仕则已，仕则举其职而已矣。”对韩愈行为的合理性，既佐之以事实考证，又进行理论上的捍卫，坚持了自己的从政理念。

翻读王禹偁的《小畜集》，我们会发现不少指导后学的书信，他的一些重要文学思想也是在这些书信中体现出来。不能在其位推行自己的古道，他就寄希望于培养年轻人上，特别是对那些以道义相交、不趋炎附势的后学，王禹偁更是欣赏有加。有个叫黄宗旦的举子看到王禹偁推扬的孙何、丁谓都高中进士，认定他有知人之哲。虽然王禹偁当时已经贬在商州，黄宗旦还是派人专门给他送去自己的文章和一封信，信中提到了王禹偁汲引称誉孙、丁的事，希望也能像他们那样得到王禹偁的推扬。大概此时王禹偁一方面对前事心有余悸，另一方面也不太了解这个姓黄的书生，所以只是回了一封短信，很委婉地拒绝了黄宗旦的要求。后来他又被重新起用，执掌文翰，这两年里不知有多少人慕名前来拜见，希望能得到这位文坛巨擘的赏识，但这些人里面却没有黄宗旦的身影。又过两年，王禹偁再次被贬出京城，连昔日最看重的丁谓都开始对自己指手画脚了，他陷入极度孤独与苦闷中，此时这位黄宗旦反倒出现了。他并不介意数年前在王禹偁这里的冷遇，继续寄上自己的文章，希望得到王禹偁的指点。这让王禹偁大为称奇，认为黄生属于那种不以炎凉为去就的人，连连称赞“甚善甚善”，仔细阅读了黄生的文章，做了详细的批改，并以“朋友之道”提出自己对黄生的看法与期望。

黄宗旦果然没有辜负王禹偁的教导，他在孙仅中状元的那次考试中，考取了第二名的好成绩，成为当年的“榜眼”，被欧阳修称为“闽中文士”。

三入紫垣 两袖清风

王禹偁没有任何家世背景，即所谓的“起自白屋”。他从仕的时间虽然只有短短的十八年，但几乎经历过宋代正直文人所有可能遇到的坎坷与磨难。特别是自宋太宗端拱元年(988)到宋真宗咸平元年(998)，十年里三入庙堂、三黜江湖，其间人生有过高潮，也有过低谷，但是王禹偁却高唱“三黜何妨似古人”，一直没有改变自己的初衷，绝不向世俗低头。另外值得注意的是，王禹偁的三次被贬，没有一次是因为徇私舞弊、贪赃枉法，他为宋代文人官员洁身自好、奉公守法树立了一个很好的榜样。我们看看仁宗庆历时期的范仲淹、欧阳修们，大都是由于政治原因而命运多舛，很少有人因“私罪”而受到处罚，在这方面上，不能不说王禹偁开了宋代文官清廉官风之先。

王禹偁的贫穷在当时是出名的，甚至连卖药为生的诗人潘阆都专门寄钱接济他。在被贬商州的时候，他的职务是“团练副使”，俸禄极其微薄，似乎只是一定数量的茶叶(他曾在诗歌自注里写到“副使俸惟茶一色”，而且诗中亦有“月入可堪茶作俸”之句，不过他有时候也说此时没有俸禄，或许有些夸张)，根本无法养家糊口，以至于他不得不租了别人十亩地，与自己的家人一起种点菜来补贴家用。有一次刚种下两天，一场及时雨不期而至，这让他非常高兴，本来还担心“菜助三餐集，园愁五月枯”的他，对着这场好雨吟起了诗句：“吟诗深自慰，天似悯穷途。”（《种菜了雨下》）这块菜地王禹偁租了三年，好在穷人家孩子出身，这样的田间劳动难不倒他，倒是更给他添了亲身体会民间疾苦的机会。他的诗歌创作在商州开拓了新的境界，诗风与早期创作明显不同，五百多天的“副使”生涯中，他写了近二百首诗，平均不到三天就有一首。其中包括著名的《金吾》、《感流亡》、《竹鼺（liú）》等现实主义诗歌，钱锺书先生的《宋诗选注》一共选了王禹偁三首诗，其中就有两首创作于商州期间。商州是他仕宦之旅的低谷，却成就了他第一个文学创作高峰，我想这与他辛苦经营的这块小小菜地有关系吧。

王禹偁再次被召进朝廷任职，他对此是感到非常欣慰的，在诗中写到“若到苏台人问我，长官重拜紫薇郎”。但即使在京城做到翰林学士、知制诰等重要职务，拿着一份相对优厚的俸禄，他还是无力在京城置办一处房产，只得年年租赁别人的房子。这样的租房生涯毕竟给他的生活带来不便，并且也成为他第二次被贬出京的直接导火索。他在京城里租住的是开国旧臣高怀德的房子。赵匡胤的遗孀宋皇后死后，灵柩就停放在高宅。王禹偁担心内臣进进出出，自己会惹上什么是非，本打算搬走，但一时间找不到合适的房子，结果就耽误了。葬礼举行时，难免有一些内侍、贵僧之类的人进进出出，在礼节上可能会有一些冲突，言语上也可能会有一些泄漏。王禹偁对宋皇后葬礼私下里发的牢骚，能够很快传到宋太宗的耳朵就是明证。如果当时他在京城有自己的房产，大概不会只做了一百天的翰林学士，就再次遭受贬斥的命运。

他第三次被召回京城的时候，已经身心俱疲，在《赁宅》诗中无奈地写道：

> 老病形容日日衰，十年赁宅住京师。
> 阁栖凤鸟容三入，巢宿鷦鹩欠一枝。
> 壁挂图书多不久，砌栽芦苇亦频移。
> 人生荣贱须知分，会买茅庵映槿篱。
>
> ——《赁宅》，《全宋诗》卷六七

此时王禹偁已经为官十几年了，京城对他而言，也不是什么新鲜的地方。但他一身正气、两袖清风，始终没有财力去购置一处住所。相比有些达官贵人一上台就买房置地，为子孙计而不为声名计，他们人格上的差别又何止霄壤！他在另一首《赁宅》诗中写道："白公渭北眠村舍，杜甫瀼西赁草堂。未有吾庐莫愁怅，古来贤达尽茫茫。"可见他以古代贤达自期，并不因为自己是"无房户"而怨天尤人。他的《寄主客安员外》诗中有"趁朝骑瘦马，赁宅住闲坊"的句子，鲜活地描绘出一个清贫京官的形象。王禹偁"忧道不忧贫"，对这种"生计兼无一亩宫"的生活似乎并不介意，他的一首《书斋》诗很受宋人的喜爱，诗中写了一个能耐得住清贫、守道不移的文官形象：

年年赁宅住闲坊，也作幽斋着道装。
守静便为生白室，著书兼是草玄堂。
屏山独卧千峰雪，御札时开一炷香。
莫笑未归田里去，宦途机巧尽能忘。

——《书斋》，《全宋诗》卷六六

王禹偁虽然很清贫，但是不义之财坚决不受，更不用说去贪污受贿了。宋代词臣为皇帝写制书，或有名气的文人替人家写墓志铭，往往会得到高额“润笔”，“润笔”的形式多种多样，可以是金银玉器，也可以是名人字画，甚至还可以送丫环侍女，这其实是文人们体面地获得些额外收入的好机会。有一次王禹偁写的制书是颁发给李继迁的，这个李继迁是西夏政权的首领，多年来一直抗拒着北宋，宋太宗拿他没办法，不得不承认他的割据政权现状，还赐姓、封官，希望李继迁能维持表面上对大宋政权的尊重。制书颁发后，李继迁按惯例送给王禹偁一笔十分丰厚的“润笔”——五十匹马，这对普通官员来说，不啻是个天文数字。我根据宋太宗时期的马价和官员薪水标准粗略估算，这五十匹马的价钱相当于王禹偁十几年的薪水，大约相当于现在的三四百万元。一千年前的东京汴梁房价还没有像现在这样飞涨，用这笔钱换套体面的房子应该是可能的，但他却以李继迁写的答谢信不合体式为由，坚决拒绝了这笔巨大的财富。

太宗虽然对王禹偁又爱又恨，但在为官清廉这一点上，他对王禹偁还是十分信任的。王禹偁贬到滁州，有个叫郑褒的福建举子不远千里，徒步前去求教。王禹偁十分感动，悉心指导，倾囊相授。因郑褒急于回家探母，王禹偁用自己微薄的俸禄买了一匹马送给郑褒代步。很快那些谗毁王禹偁的家伙们就给宋太宗打小报告，说他买马时故意仗势压低价格。宋太宗冷冷地对打小报告的人说："决不会有这样的事。连李继迁送的五十匹马他王禹偁都看不到眼里去，怎么会去贪人家一匹马价格上的便宜呢！"

* * *　　* * *　　* * *

王禹偁刚正不屈的文人秉性，直道不悔的人生追求，两袖清风的从政品格，甚至包括他起自贫寒的传奇经历，都成为宋代文人心目中的一道独特风景。我们看宋代文人士大夫，其精神中最可贵的，不也就是王禹偁所树立的这几个方面吗？不仅欧阳修看过王禹偁的画像感慨万千，他的学生苏轼也在一次偶然的机会见到了王禹偁的画像，面对这位自己和恩师欧阳修都钦仰不已的文坛前辈，一贯恃才不羁的苏东坡写下了这样的文字：

> 方是时，朝廷清明，无大奸慝。然公犹不容于中，耿然如秋霜夏日，不可狎玩，至于三黜以死。有如不幸而处于众邪之间，安危之际，则公之所为，必将惊世绝俗，使斗筲穿窬之流，心破胆裂，岂特如此而已乎？始余过苏州虎丘寺，见公之画像，想其遗风余烈，愿为执鞭而不可得。
>
> ——《王元之画像赞并叙》，《苏轼文集》卷二十一

能让北宋大文豪苏东坡甘心"执鞭"的文人，在历史上恐怕找

不出几个来。在公元后第一个新千年降临之际,柳开和王禹偁相续离世。这两个人虽然性格、人生理想并不相同,但他们都为宋代士风涵养,作出了各自独特的贡献。特别是王禹偁,他的精神既有自屈原以来的人文积淀,也有宋代新型文人社会的时代特点,相比柳开而言,他得到后世文人更多的追怀与尊敬。

杨亿："盛世"里的忧郁诗人

善于做秀的宋真宗，与喜欢见风使舵、拍马奉迎的官员们一唱百和，一个看起来很完美的“盛世”在公元1008年成立了。“盛世”是需要一些祥瑞来预示、来点缀的，杨亿正扮演了这样一个角色。生活在北宋最为繁盛时代的杨亿，已经成为大宋文人心头一抹亮丽的记忆，几十年后欧阳修曾对老朋友蔡襄说：“先朝杨刘风采，耸动天下，至今使人倾想。”可以说，少了杨亿，少了新千年之初开始大行其道的“西昆体”文学，北宋自宋太宗朝末期就开始着力打造的所谓“盛世”，一定会黯然失色。

在上个新千年来临之际，大宋文人柳开、王禹偁完成了他们在宋初的历史使命，先后谢幕，年轻的大宋也即将展开新的篇章。宋真宗咸平三年(1000)，二十七岁的杨亿结束了两年处州知州的工作，再次回到朝廷任职。有了地方工作经验，再加上年少时就因文学才能得到宋真宗的赏识，所以他回到京城后的仕途非常顺利，先拜“左司谏”，第二年被任命为“知制诰”，到宋真宗景德三年(1006)，三十三岁的杨亿已经获得大宋文人梦寐以求的职位——翰林学士，而他的文学先辈王禹偁获得这一荣誉时已经四十二岁了。大约就在这前后数年的时间内，杨亿和他的馆阁同事们倡导了一种新的文学风尚，人们称之为“西昆体”。“西昆体”文风以其特有的艺术魅力，迅速风靡了当时的大宋文坛，成为大宋王朝自己第一个流行文学样式，一直到欧阳修的时代，大宋的文学世界中，还可以处处看到“西昆体”的影子。自上个世纪以来各种版本的《中国文学史》中，“西昆体”作为北宋诗文革新的对象，饱受文学史家的批评，人们把这种十一世纪初大宋精英文人兴起的文学新风尚，看作是堆砌华丽辞藻、炫耀文字技巧，毫无文学生命力的文学，西昆文学似乎也成了歌颂朝廷的宠物文学。大约自上个世纪九十年代以来，“重新评价”西昆体俨然成为一种风气，不少研究者把西昆体诗歌与宋真宗1008年前后的荒唐政治联系到一起，从而赋予西昆体诗歌以重大政治讽喻意义，如此看来，西昆诗人们似乎又成了批评大宋朝政的“公知”。

但杨亿只有一个，他到底是怎样一个文人呢？

一次别有意味的考试

太平兴国九年(当年十一月二十一日改元雍熙,公历为984年12月15日。年底改换当年的年号,此又为一例)对宋太宗来说是个很值得回味的一年,这一年发生了许多让他此生难以忘怀的事件,有假模假样的悲伤,也有心花怒放的狂喜;有梦想即将实现的激动,也有机会稍纵即逝的遗憾。而在所有这些事件中,一个十一岁小孩子的身影,会清晰地印在宋太宗这一年的记忆中。这个小男孩就是杨亿,他与宋太宗的第一次见面是在皇宫里,那里有一处专门安排的考场,主考官就是宋太宗,而杨亿是唯一的考生。

据《续资治通鉴长编》记载,在宋太宗雍熙元年(984)十一月二十七日,朝廷任命福建送上来的考生杨亿为秘书省正字(馆阁官员的一种,字面意思显示他的主要工作是校阅书籍。宋太宗此次任命仅在南郊大赦改元后六天,此时间节点也颇堪玩味),这一年杨亿刚刚十一岁,现在这个年龄的中国孩子正在读小学。在这个任命发布之前,宋太宗先派江南转运使张去华专门到福建对杨亿进行考试。大概考试结果让张大使感觉相当不错,于是就安排他进京面见宋太宗。太宗颇有兴致地亲自考这个聪明的小孩子,据说连续考了三天，让小杨同学做了五篇“赋”（当时进士考试的一项重要内容，相当于命题作文），杨亿文不加点，“援笔立成”，这让宋太宗龙颜大悦，一面夸奖他的文思敏捷，一面命令小太监把他的试卷送给朝廷的学士们批阅。大概杨亿属于那种“人来疯”式的孩子，皇帝老子的夸奖让他更加兴奋，又当场赋诗一首，让在场的人都叹为观止，他们甚至认为这个说话带着浓重口音的外地孩子，大概就是传说中的神童了吧？（彼时的“普通话”大概与现在的河南话差不多，而福建话即使在当时的江南人听来，就已经怪里怪气了，因此杨亿的口音大概会成为人们讨论的一个话题。）《续资治通鉴长编》在记录完这场皇帝对杨亿的考试后，接下来写道：“宰相骇其俊异，削章为贺。”这个“骇”字有点造作，一个十一岁能写写诗赋的小孩，对百废待兴的大宋来说，实在是无关紧要。那么大臣们为什么会表现出非常惊讶的样子，忙不迭地用正式公文向皇帝热烈祝贺呢？

就目前搜集的资料来看，宋代在杨亿之前，尚未有皇帝亲自出马专门考一个考生的记录，这次连续三天的独特考试，确实非同寻常。而杨亿的表现也的确出人意表，特别是他在交了考卷之后，还能当场再作一首诗，以表明自己才思尚有余力，这即使对成年考生而言，也是十分难得的事情。这里有个文化背景，我稍作解释。其一是宋初的文学创作是以“敏速”为时尚的（有关科举考试的故事，请参阅拙著《红裙争看绿衣郎：大宋东京往事》，上海书店出版社），不像北宋庆历以后，人们喜欢对文章进行反复修改，有时候一篇文章要写上几年，并不以“敏速”为美。如欧阳修作为一代文豪，其修改文章的事迹甚至为后学所仰慕，他的千古名作《醉翁亭记》就是一篇千锤百炼改出来的文章。但是在宋初，文章写得快慢，往往成为判断作者才能高低的第一标准。其二，以往的神童科考试属于诸科试，不重诗赋而重经义，考生如果能"通"一大经及《论语》、《孝经》两小经，然后再能背诵十篇经文，就算是考试过关了。但杨亿显然不是通过正常的考试渠道参加童子试，而是宋太宗在"闻其名"后专门派人访求的，所考的又是宋初士人比较难为的"诗赋"。还好他没有辜负宋太宗的期望，确实表现出文学天才的一面，这大概是太宗"深加赏异"，大臣"削章为贺"的一个重要背景，当然还远远不是全部。

杨亿虽然被称为"神童"，但是"神童试"作为科举考试中的非常规部分，并非经常举行。为了更好地把握这次特殊考试的意义，我原打算对宋代神童状况做一个全面的考察，却发现这是一件很难的工作，需要耗费大量时间搜寻史料，好在宋人笔记《枫窗小牍》中，有一条材料对宋代神童情况作了一个简要概述，其中涉及北宋的部分，兹引如下：

> 本朝以童子举，如国初贾黄中，举自五代，不论。若太宗朝，洛阳郭忠恕通九经，七岁举童子科；淳化二年赐泰州童子谭孺卿出身；雍熙间得杨亿，年十一，以童子召对授秘书正字；咸平间得宋绶，景德间抚州进士晏殊，年十四；大名府进士姜盖，年十三；祥符间又得李淑，又赵焕，以童子召封，令从秘阁读书，时年十二；蔡伯希年四岁，诵诗百余篇，召为秘书正字；

神宗朝元丰七年，赐饶州童子朱天锡五经出身，年九岁，赐钱五万；又天锡从兄天申，年十二，试十经皆通，赐五经出身。

——《枫窗小牍》卷上

虽然《枫窗小牍》的作者比较可疑，但这本书因为具有史料价值而为学界所重视。我根据此书提供的这份名单稍微做了一点考证，发现作者提到的郭忠恕，实际上也是五代的“神童”，作者误系入宋太宗时代。谭孺卿虽然是宋太宗时的神童，但他是在太宗淳化二年（991）十二月赐出身，比杨亿晚了7年，而作者系于杨亿之前。根据这份名单，杨亿算得上北宋“神童”第一人。另外，真宗咸平二年（999），令秘书省正字邵焕于秘阁读书，这个邵焕也是个“神童”，而《枫窗小牍》失载。当然这样的考证是很粗略的，但庶几可以发现一些规律，那就是根据这份名单和我又发现的邵焕，北宋有名可查的共有11个“神童”（但是经验告诉我们，这个数据只是个下限，实际上有可能多于此数）。

唐五代虽然有不少人参加了“神童试”，但真正能在历史上留下痕迹的“神童”并不多，而唐代唯一最著名的“神童”刘晏，恰恰出现于唐朝最兴盛的玄宗时代。彼时唐玄宗也在忙着准备封禅泰山，那位天资聪颖的刘神童居然能向玄宗献《东封颂》，得到唐玄宗的赞赏。而北宋出现的11个“神童”，主要集中在太宗、真宗朝，其中太宗朝2个，真宗朝7个。这个数据似乎隐隐昭示着自太宗朝到真宗朝的统治时期，“太平盛世”已经渐渐走进人们的视野。“神童”作为“太平盛世”特殊的符瑞，或许正反映着社会上这种好大喜功、急于铸成盛世的思潮。从这个历史背景上去考量,我们会发现杨亿的出现,并不是简单的事情,他一方面满足人们的盛世梦想,另一方面也成为专制君主表明自己文治化成之功的标志。不过杨亿不同于刘晏,他把握住自己的历史机遇,并没有满足于一个盛世花瓶的角色,而是用自己的“神童”传奇资源和文学影响力,开创了大宋王朝新的文学时代。

“神童”背后的盛世梦

无论是文学史对杨亿“西昆体”诗人形象的建构，还是近二十年来学人对这一形象的解构与重构，有可能都忽略了一个关键的细节，即杨亿是怎样走进大宋历史的。单纯从文本出发很难对“西昆体”这一特殊文学现象做出合理的文学史解释，也许我们应该把目光投射到历史的层面，看看杨亿的时代究竟发生了什么。

杨亿的一生必然与所谓的“盛世”联系到一起，这大概是他无法摆脱的宿命。他第一次在历史上露面，就是北宋一个非常微妙的时刻。像杨亿这样的“神童”现世，在别有用心的专制君主而言，隐隐昭示着一个太平盛世的降临。有一个事实或许不太为人们所关注，那就是杨亿可能是大宋王朝肇建二十五年以来出现的第一个神童，而且如果回到太平兴国九年（年底改雍熙元年，公元984年）前后的历史语境，看看宋太宗正在思考什么问题，我们或许会对杨亿出现的背景有更多了解。太平兴国八年（983）的夏天，山东兖州一群所谓的“泰山父老”（现在的泰山地区，当时都在兖州的治下），在地方官员的鼓动与安排下，“自发”进京请愿，恳求宋太宗举行封禅泰山的大典，因为在这群马屁精的眼里，天下已经太平了，皇帝完全有必要向上天汇报一下这个喜讯。但是这伙没有多少头脑的“泰山父老”显然上了同样愚蠢的地方官员们的当，因为这一年黄河正在发生大水灾，各地也不时有糟糕的消息上报，宋太宗就算是再糊涂，也实在不敢冒天下之大不韪答应“泰山父老”的请求，通过“封禅泰山”来宣称天下太平。虽然宋太宗只是礼貌地拒绝了他们的请求，但是“封禅”这个因晚唐五代乱世而几乎被人们彻底遗忘的事物，经所谓“泰山父老”们这么一折腾，似乎又在人们的心目中被重新激活了，特别是宋太宗和他的大臣们，更是对这个刚刚复活的“创意”欣喜莫名。

君主专制时代，一个不变态不愚蠢的皇帝（这实际上并不容易），如果有“封禅泰山”的心思倒也无可厚非，因为“封禅泰山”前提是国内政治经济形势要相对比较好，如果不是靠装神弄鬼的话，那就需要皇帝和他的大臣们努力工作，把社会搞得至少看起来像所谓的“盛世”才行。“泰山父老”请愿半年之后，黄河决口被堵上了，而且据说契丹那边乱糟糟的，谍报人员的密报称“国家不须致讨，可坐待其灭亡”，意思是契丹已经不行了，大宋不需要去进攻它，它自己很快就会完蛋的。对太宗来说这是本年最值得欣慰的消息，因此 984 年的新年，宋太宗十分高兴，正月里他跑到丹凤楼看花灯，东京汴梁的一派繁华景象让他喜不自禁。虽然有史料证明宋太宗不太喜欢喝酒，但这一夜他坐在城楼上看到京城经济繁荣、社会稳定，老百姓都乐陶陶地好像生活在前所未有的盛世中，这让他感到心情特别舒畅，因此虽然自己“居常罕饮”，但这一晚上却坚决要与百姓一起分享快乐，命令跟他一起坐在城楼上看风景的大臣们开怀畅饮、一醉方休。为了表示以身作则，宋太宗每喝完一杯，都要把空杯子举给大臣们看，表示我已经全都干出来了，大家也不能有所保留。遍查史料，我发现这个小动作在宋太宗来说是很少见的，据此可知他此时是多么的快乐。

就在这次狂欢的两天后，太宗得到房州上报的消息，他和他儿子皇位最大的威胁者赵廷美死了。赵廷美非常不幸，做了宋太祖和宋太宗的弟弟，一辈子连个名字都叫不安生（本名赵匡美，大哥匡胤当皇帝，这个“匡”字成了皇帝的专用品，别人不能用了，因此他只好改成赵光美；二哥赵光义做了皇帝，“光”也成了皇帝专利，自己只好又改名叫赵廷美），最终还是不明不白地死去了。虽然宋太宗对大臣们“呜咽流涕”，为这位庶弟的死表示惋惜，但他心中大概最清楚，他终于为儿子将来顺顺当当从自己手中接过大宋江山，扫清了一切障碍。可以说只有从984年的新年开始，宋太宗才彻底地松了一口气，自己想做的一切都已经做到了，是该享受接下来的美好时光了。这一年的春天一切都很顺利，边境没出现什么问题，各地也没有上报什么大型灾难，上天也比较配合，既没有乱扔彗星，也没有乱发大水。宋太宗在和大臣的交谈中多次暗示他们，一个太平盛世大概正在或已经降临了，君臣之间互相吹捧、默契配合，京城到处呈现出盛世的信息。朝廷上的这种政治风气很快传到兖州，那些最会望风而动的地方官又动起了心思。

果不其然，太平兴国九年（984）夏初，所谓的“泰山父老”又来京城请愿了。虽然这次来的人数只有上一年的四分之一，但这对太宗和大臣们来说已经足够了，这一千多个千里迢迢从泰山地区赶到京城的“群众代表”，成为筑成九仞“盛世”之山的那最后一簸箕土。经过一系列繁文缛节，封禅泰山的事就这么定下了，各项准备工作风风火火地开始了。虽然事隔一月，皇宫里一场莫名其妙的大火，使宋太宗犹豫再三，不得不宣告取消封禅，以此对上天的惩罚做出忏悔姿态（皇宫着火，是专制君主最为忌讳的事情，即使有可能人为造成火灾，但他们通常认为这是上天的警示），但是这一年形成的盛世梦想，却不是说停就停下来的。杨亿，这位传奇般的人物，就在这一年出现在大宋政治文化中心，在一定程度上，杨亿不就是作为盛世的“符瑞”出现在公元984年的历史上吗？

正是因为杨亿是作为一个盛世的“符瑞”而出现在大宋历史上，所以他的出身比其他北宋文人更具传奇色彩。北宋曾巩《隆平集》记载，杨亿的祖父杨文逸曾经梦到过一个叫“怀玉山人”的道士，一觉醒来，孙子杨亿就降生了。而且杨亿刚刚生下来的时候据说是一个“毛孩”，身上覆盖着一尺多长的毛毛，满月后这些毛毛才褪去。同样的故事，北宋僧人文莹的《玉壶清话》也有记载，稍有不同的是，那个神秘的道士不是出现在杨文逸的睡梦中，而是光天化日下拿着名片前来杨家拜访，杨文逸正和他唠着嗑，他却突然消失在空气中，恰在此时，家人来报告，杨亿出生了。相比而言，文莹讲的故事更加诡异，但这两处记载显然都是为了强调同一件事，即杨亿并非普通之人，怎么说也是有一些“慧根”的。另外一个关于杨亿的故事，在宋人中也很流行。故事里说他小时候在语言习得方面大概有障碍，“数岁不能言”，意思是到了好几岁了还不会说话，很可能是先天性哑巴儿童。有一天家人抱着他登楼看风景，不小心“误触其首”，碰了孩子的脑袋了，结果这个有语言障碍的孩子突然开窍，居然会说话了，而且在家人们的要求下当场口占一绝：“危楼高百尺，手可摘星辰。不敢高声语，恐惊天上人。”不过这首诗虽然十分高妙，但著作权大概有些问题，因为宋人已经注意到李白、孟观可能做过类似的诗。我认为诗的真实作者究竟是不是杨亿并不重要，重要的是人们为何热衷于对他童年故事的演义，一再把这样的传奇故事安排到他的身上。杨亿逐渐被言说成一种“神童”文化符号，不正说明人们对“盛世出神童”这样的传奇故事有特殊偏爱吗？

也正是从这个意义上说，“东封西祀”不是靠宋真宗 1008 年灵机一动的谎言和一纸来历不明的“天书”所能决定的，这种思潮自太宗时期就逐步酝酿了。而作为北宋“神童”第一人的杨亿，他的命运也必然会与“太平盛世”有着某种神秘的关联。

御用文人的幸福生活

杨亿走入大宋的历史,冥冥中担负着特殊的使命,他就是为一个太平盛世而来,这也是他无法摆脱的宿命。

11 岁就被授予秘书省正字官衔的杨亿,并没有真的去秘书省上班"正字"。大宋王朝在太宗时代虽然缺乏干部人才,但是也不至于非要让这么一个"童工"来上班,宋太宗只不过让他带着这个荣誉职衔,在国家图书馆里继续读书深造罢了。而杨亿也确实抓住这样的机会,不断地充实自己。事实证明,如果没有在皇宫接触大量古代典籍的机会,他不可能很好地理解李商隐诗歌艺术,也不能写出独具一格的"西昆体"诗歌,成为北宋一代文坛盟主。虽然缺乏足够的史料证据,但一些零星的资料表明他大概就在这一时期,接触到当时还只是皇子的宋真宗赵恒,而且极有可能建立一定的友谊。因为当时宋真宗只不过是个普通的皇子,并非继承宋太宗皇位的第一人选(宋太宗更钟爱的是许王元僖,任命他担任了五年的开封府尹,也清楚地表明了传位意向),所以这种友谊尤其让登上皇位的宋真宗倍加珍惜。过了两年杨亿的父亲去世,他按照惯例离职回家守丧三年。这以后的几年内,历史上很难听到杨亿的消息，他像一颗水滴，悄无声息地潜进本属于自己的那片天地。宋太宗淳化元年（990）他 17 岁时，通过向皇帝进献文学作品的方式，帮助宋太宗恢复了对这个当年神童的记忆。很快，他回到朝廷，被授予"太常寺奉礼郎"的职衔，继续在国家图书馆读书深造。大概从这一年开始，他经常向皇帝进献诗文，歌颂宋太宗和他统治的这个时代，特别是在 19 岁的时候，向宋太宗进献《二京赋》和《甘露颂》，委婉地表达自己想到皇帝身边做一个文学侍臣的愿望。

宋太宗虽然在八年前发现了杨亿这个人才，不过正如上文分析，杨亿虽然有一些天才，但他的出现有着更多的政治意义。现在八年过去了，这个当年的小神童到底有没有能力承担大宋王朝文字工作的重任？当年宋太宗曾经专门考了他三天，可那场考试毕竟没有纳入帝国正式的考试体系，太宗时期已经比较重视文凭了，提拔一个没有进士文凭的年轻士人，在技术上可能还存在一些麻烦。于是宋太宗又专门为杨亿准备了一场考试，根据考试的结果，杨亿被"赐进士第"，他终于有了一张正式的做官资格证书。获得文凭后，杨亿的官衔马上提升，他现在的官职是"光禄寺丞"，比中进士前的"太常奉礼郎"高了数级。自此之后，刚届弱冠之岁的杨亿，开始以文学侍从的身份，出席于宋太宗组织的各种社交或礼仪场合，一颗文学新星逐渐摆脱"神童"传奇，开始凭自己的文学实力冉冉升起在大宋王朝的文化星空。

大概就在这期间，发生了一件有趣的事，成为宋人津津乐道的话题。宋太宗是好文之主，他曾开发了一个重要的君臣文学娱乐项目，即每年一度在皇家花园进行所谓的"赏花赋诗"。杨亿刚升为光禄寺丞后，太宗专门邀请他参加这个文学沙龙，并且就安排他坐在自己的身边。杨亿激动不已，文思泉涌，不仅当场赋诗，而且活动结束后又专门写了一篇《金明池颂》献给宋太宗。宋太宗非常欣赏，曾对宰辅大臣们夸赞杨亿的文采，并当场背诵起杨亿的作品——这对君主专制时代的文人来说，确实是莫大的荣耀。“赏花赋诗”是皇家保留节目，到了第二年又要举行了，宋太宗并没有专门给筹办人员打招呼让杨亿参加，他大概忘了参加“赏花赋诗”的官员职位是有一定限制的，而当时的杨亿还没有获得这种资格，如果没有皇帝的特许，无权参加这种皇家高级文学沙龙。于是他就写了一首诗献给皇帝，委婉地表达了自己的遗憾。太宗看到他写的诗，马上给他封了“直集贤院”的头衔，让他成为一名大宋王朝的馆阁之臣（馆阁之臣职务虽然级别不高，但特别为文人重视，北宋恢复三馆制度后，许多宰相都要先有馆阁职务的经历）。青年杨亿不仅在仕途上一帆风顺、升官加爵，在生活上也受到宋太宗的格外关照。淳化五年（994）他请假回福建老家接母亲，宋太宗一出手就赏赐了他十五万钱。这个数目相当于一个普通馆阁职员一年多的薪水，用现在相同级别公务员的薪水比对一下，怕也有一二十万的样子。而且有材料显示，他经常得到皇帝类似的特殊照顾。

北宋名臣范仲淹对杨亿的评价是“应用之才，独步当世”，杨亿凭着自己的文学天才，再加上皇帝的宣传包装，一下子成了当时文坛最耀眼的明星。此时他的声誉和地位如日中天，朝中大臣纷纷请他代笔撰写各种文章，其中甚至包括当时的名相寇准、协助宋真宗促成封禅大礼的王钦若等。比较有趣的是，杨亿有时候一面帮大臣写上表，一面又同时替皇帝写答表，然后回过头来再帮大臣写谢表，这种上表、答表、谢表，本来是君臣间很繁琐的文字游戏，甲方乙方结果都让杨亿一个人包办了，这种文学奇观在历史上比较罕见，由此我们也可知道，此时的杨亿应该是顺风顺水、八面玲珑的。当时无论是因公还是因私为别人写文章，按例都会得到一大笔稿费，这种稿费往往比作者几个月的薪水都高。据说杨亿当翰林学士期间，有人为了能得到他写的制词（朝廷宣布对大臣人事安排的诏书），单单等到他值班的这一天，才向皇帝提出职务变动的请求。这样一来，许多有额外收入的机会都跑到杨亿这里来了，这让他感到十分为难，因为这会让他在翰林学士群体中显得很孤立。于是他征得宋真宗的同意后，把自己写制词得到的稿费，都平均分给单位上的每个人。他的文才受到皇帝和朝廷大臣的如此推重，特别是一些武人出身的官员，也纷纷给杨亿写信盛赞他的文采，这里面包括宋初著名的大将李继隆和王超。而且据史料记载，一些皇族贵戚本身不怎么会写诗，但却一定要赶时髦出版一本诗集，为了抬高自己诗歌的地位，死乞白赖地请杨亿为他们写序。表面上看是其时文风之盛，影响了军方高级将领和贵戚，但这里面会不会有其他的政治意味，是不是与人们迎合皇帝喜好、参与营造盛世的氛围有关？我觉得其中大有文章。

当然杨亿不仅仅是一个词臣的角色，仅靠替皇帝或大臣写些应用文章，赢得不了后世文人的尊重。他博学洽闻，精通史实，已经具备宋代文官诗人、学者和官员“三位一体”的特点，而这是宋代文人迥然不同于以前历代文人之处。钱若水主持编纂《太宗实录》时，特地向宋真宗请求把杨亿调过来帮忙，结果杨亿不负钱氏所望，八十卷的《太宗实录》，他一个人就承担了五十六卷的写作任务。宋真宗朝的大型类书《册府元龟》由王钦若和杨亿共同担任主编，据《宋史·杨亿传》里说，这部类书的“序次体制，皆亿所定，群僚分撰篇序，诏经亿窜定方用之”。就是说杨亿虽然是第二著作人，但这部书的统稿工作由他来做。真宗不仅欣赏他的文学才能，也特别欣赏他的史学才能，他第一次主动申请到地方上当长官（他当时的理由是家里太穷，在京城混不下去。有史料显示他很喜欢交友，家中常养着一大堆食客，恐怕入不敷出也是可能的），真宗“称其才长于史学”，一开始并不想下放他，但他去心已决，一再上书坚请，宋真宗才勉强同意。

杨亿是时代的骄子，所处的人事环境也为他的仕途发展大开绿灯。宋太宗至道元年（995）宋真宗被正式立为皇储，杨亿叔祖杨徽之是宋真宗的“首僚”，他替宋真宗处理的许多文件，实际上都是由杨亿代笔，而且有史料显示，杨亿与宋真宗早有交情；大概也是在这一年，杨亿与翰林学士张洎的女儿订婚（正式结婚在至道三年，这段婚姻以悲剧告终，史料里有零星不利于张氏的记载，但历史剥夺了张氏的话语权，我们只能把这段婚姻留给影视作家们去戏说吧）。张洎是南唐旧臣，其文学造诣据说还在徐铉之上，曾被宋太宗称赞为“文学第一”。但与徐铉不同的是，张洎在南唐和北宋两个政权都吃得开，特别是在至道三年（997）去世前的四五年内，他更是官运亨通，一直从翰林学士做到副宰相。因此杨亿回乡省亲时，王禹偁在写给他的送行诗中写道：“翰林贵族夸东榻，史馆清衔庆北堂。”说的就是杨亿此时春风得意的情形。

西昆“何其体”

杨亿不仅可能是北宋第一个“神童”，也可能是北宋第一个真正意义上的文坛盟主。在他之前的李昉、徐铉、王禹偁虽然都不同程度上为大宋的文学发展做出自己那份贡献，但还都不足以引领一代文风，担负不起文坛盟主的重任，而杨亿却做到了。他之所以在北宋获得文坛盟主的地位，受到后世文学家的推崇，一个重要的原因是他倡导了一种全新的文学风格，这就是所谓的“西昆体”文学。许多学者认为，具有大宋王朝独立特点的文学，实际上是从杨亿的“西昆体”开始的。这之前北宋诗坛流行的是以李昉、李至《二李唱和集》为代表的“白体诗”，和以“九僧”诗人群为代表的“晚唐体”，这两种诗风基本上还是学步于唐诗风格。但杨亿和他的馆阁诗友倡导的“西昆体”，虽然脱胎于晚唐的李商隐诗风，但却有着自己时代的特色，体现了南北文化在北宋的交融与创新。

关于西昆体文学的盛行原因，各种版本的文学史虽然做了一些解释，但大都语焉不详。一个文学现象的产生，有很多原因，我更重视的是社会文化背景。历经晚唐五代近百年战乱，北宋官方虽然大力提倡文治，但是这种文化倡导与其产生的实际效果之间有一定的时间差。学习资料的匮乏,使很多中原地区的士子在学术积累上存在问题,宋初虽有大批饱读诗书的庶族文人在政治上崛起,但他们毕竟缺乏相关礼仪制度方面知识的积累。相对而言,原南方割据政权下的人文积累比较丰厚,学习资料也相对完备。但南方士人在宋初却受到极大的限制,这种地域性歧视在宋初十分普遍,据说赵匡胤甚至留下"南人不得坐吾朝堂"的遗训。造成这种现状的原因非常复杂,可以说南北之争,是宋初政坛上一条隐隐的线索。这样的南北矛盾在形式上逐渐淡化乃至最终消融,不在于政治手段的运用,而在文化的相互融合。南宋理学大家真德秀曾经有一句话,或许有所夸张,但庶几反映了宋初南方士人向政治中心渗入的大体时段,他说:"国朝南方人物之盛,自浦城始。浦城人物之盛,自文庄公及公始。"(《西山文集》卷三十四)这里面的"文庄公"是指杨亿的叔祖杨徽之,他在北宋政府做到比较高的职位。"公",即指杨亿。杨徽之虽然也名冠一时,但主要还是因侄孙而显。因为单从职位上而言,南方人士在宋太宗、宋真宗政府中做到高位的尚有其人,但他们或者不能为大宋的文化建设提供更新鲜的血液,或者不能为大宋的士风涵养提供资源,因此大都没有在宋初历史上留下深刻的痕迹(徐铉作为敌对政权的大臣降宋,更像个大宋王朝的局外人)。只有在文化上独树一帜,成为大宋王朝新的文化典型,这才可以说是"人物之盛"。以杨亿为代表的馆阁文人,倡导的"西昆体"文学风格,从大的历史视野看去,正是南方文化向中原文化渗透、融合的表征。

除了这个历史大背景之外,"西昆体"崛起于上个新千年之初,还有其具体的历史原因。在杨亿之前，北宋主流文化区流行的是“白体诗”，虽然其间有所谓的“九僧体”诗歌出现，但其影响面比较窄，尚不足以在文学思想史上发生影响。阅读宋初诗人的作品，我们会发现这种所谓的白体风格比较普遍，即使杨亿本人也曾写过“白体诗”。“白体诗”是中唐元稹、白居易倡导的一种诗风，从思想内容上看，本有“讽喻”和“闲适”两个发展方向。从语体风格上来说，“白体诗”最大的特点就是语言浅切，通俗易懂。这一语体风格决定了其写作队伍的可进入性比较强，即使一个没有多少人文学术积累的人，也可以使用这种风格的诗来表达自己的思想。但“白体诗”语言的浅白性，使其在当时逐步加强中央集权的形势下，“讽喻”变得比较困难，庶族文人显然还没有掌握这种“讽喻”与“谤政”之间的界限，因此“白体诗”在宋初的发展主要集中于“闲适”一路。但随着文人阶层的成熟，文人们通过文学手段表达自己政治见解的需求逐渐强烈。宋真宗好大喜功，在与契丹签订“澶渊之盟”后，更是在国内大搞太平盛世假象，并最终演变成“天书”政治。在士风基础还相对薄弱，五代乱世影响尚未彻底消除的情况下，文人鲜有直接提出自己见解的勇气和胆量。因此这一时期出现了一大批或唯唯诺诺、或奉迎拍马的官员，前有王旦，后有王钦若、丁谓。在这样一个大的政治环境下，想找太宗朝敢于直接给皇帝提意见的田锡已经很难了，像王禹偁那样敢私下发发牢骚的大臣也很少见了。刚刚在政治上兴起的庶族文人有表达反对意见的诉求，而君主专制制度从来就没有给他们一个自由的表达空间。

李商隐诗歌的托怨精神，恰好适应了这一文人心理需求，从而使白体诗中被阉割掉的“讽喻”精神找到新的生存土壤。李商隐华丽而隐晦的“托怨”诗风，经馆阁大臣的文学实践，再经官方的禁令（在政治相对清明下，对某种诗歌风气的官方禁止，适足以起到好的宣传炒作效果），“西昆体”诗风已经具备了流行的各种元素。另外，从文学本身发展而言，白体诗中的“闲适”诗，因其可参与程度比较高，整体水平无法提高，而且这种文学样式不需要太多的文学积累，很容易流入浅俗，与自太宗以来不断加强文化建设，提高文官整体素质的要求不相符合，文人已经有越来越多接触典籍的机会，而传统的闲适诗难以使他们充分表达自己提高了的人文素养，他们也需要一个合适的文学表达方式。因此，这种体现着作者较高文学和史学修养的西昆体诗歌，在一个相对和平的年代应运而生并大行于世。

* * *　　* * *　　* * *

杨亿希望在太平盛世中做一个快乐而优雅的文人，他已经无限接近自己想象中的盛世，但是却越来越发现，理想与现实有着如此巨大的反差，特别是在公元 1008 年大宋政坛上演的“天书”闹剧，更是彻底粉碎了这个敏感诗人的梦想。利用诗歌托怨，确实是西昆体诗歌的重要价值取向，但《西昆酬唱集》里的诗歌与公元 1008 年的封禅泰山究竟有何关联，是个可以继续讨论的话题。“天书”的降临是个突发事件，而文人们对封禅大典的心理期待已经由来已久，在 1008 年天书降临前，参与封禅大礼、并为之撰写封禅之文，几乎是所有文人的梦想，杨亿可以说就是为此而出现在北宋历史上。但是，宋真宗自作天书的拙劣表演，糟蹋了盛世文人的这一美好梦想。当杨亿提笔写着那些必定成为历史笑柄的封禅文字时,这个名满天下的大诗人内心一定是百感交集吧?

如果历史可以选择,杨亿或许会选择太平兴国九年(984)的初冬,选择放弃神童的炒作,选择当一个普通的乡村儿童,在故乡留下自己完整而天真烂漫的童年。

晏殊：神童、宰相和富贵闲人

“一曲新词酒一杯，去年天气旧亭台。夕阳西下几时回。无可奈何花落去，似曾相识燕归来。小园香径独徘徊。”没有宰相晏殊的大宋历史，照样可以铸造能与汉唐媲美的辉煌王朝，但是如果没有词人晏殊，没有“无可奈何花落去，似曾相识燕归来”这传颂千古的佳句，大宋王朝的璀璨星空一定会黯然失色不少。晏殊少年早贵，一生多数时间担任着朝廷要职，北宋中期政坛上的风云人物范仲淹、韩琦、欧阳修等，均出自其门下。晏殊去世后，虽家道中落，但他的儿子依然保有贵族的自尊与矜持。元祐年间，大文豪苏轼想见一见晏殊的儿子，竟然被一口回绝：“今政事半吾家旧客，亦未暇见也。”从“神童”到宰相，从西昆后劲到富贵闲人，晏殊的一生，正是北宋传统文人生活的缩影。

宋真宗景德二年(1005)五月中旬,东京汴梁正在举行一次特别的国家考试,考试对象是河北考生。头一年辽国在萧太后的领导下,举国南侵北宋,河北正为两国交战之地。本来是“槐花黄,举子忙”的考试季节,却被宋辽战争打乱了节奏。好在景德元年年底,宋辽双方签订了“澶渊之盟”,宋真宗长舒了一口气——警报解除,总算熬过了即位以来最大的考验。虽说花钱买和平,这话说出去总归不太好听,但是毕竟威胁了中原政权七十多年的西北问题得到圆满解决,两国的老百姓可以过上安生日子了。这个成果连能征善战的大伯宋太祖、文韬武略的老爸宋太宗都没有取得过,宋真宗却做到了。钱真是个好东西,一想到这里,宋真宗心里就乐滋滋的。河北百姓受苦了,这可以用经济手段来补偿;河北考生的考试耽误了,那就专门为河北考生再考一次。为了显示皇恩浩荡,宋真宗还特别为在宋辽大战中有所贡献的落第举子,再加上那些已经落榜了六七次的大龄考生,举办了一次特别的考试。宋真宗不辞辛苦,亲自主持考试,一连考了七天,最终录取了 1456 人。加上三月份常规考试录取的 1002 人,宋真宗 1005 年的科举考试大扩招竟然录取了 2458 人。人数虽然不少,但实际上还有两个人没算到这里头。准确地说,是差了两个神童,他们以“天才少年”的身份随堂参加了五月这场特别考试。

其中一个“神童”就是来自江西的晏殊(991—1055),这一年他十四岁。

“讲真话”的神童

北宋自宋太宗开始进行缔造盛世的计划，这个计划一直持续到宋真宗时代。辽国的突然进攻，打乱了大宋王朝“自我盛世”的节奏，好在宋真宗出钱买断和平，几乎是一劳永逸地解决了王朝生存的最大危机。下一步大宋王朝的主旋律往哪个方向发展？毫无疑问还是奔着“盛世”的目标去。盛世需要什么条件呢？说白了也很简单，首先是国内政治相对稳定，经济上说得过去；其次得有一批逢迎拍马的大臣，他们最善于玩报喜不报忧的政治花招；最后，也是比较重要的，你得有一些能表明盛世正在降临的吉祥物，或者是奇异的天文现象，或者是基因突变的动物植物，最不济，也得搞几个神童啊什么的，来点缀一下大好形势。这最后一条我在讲杨亿故事的时候说过了，这里就不重复了。总而言之，“澶渊之盟”签订后，宋真宗的大宋王朝就是直奔着“盛世”去的，这也是晏殊出现的政治文化背景，与他的前辈神童杨亿，简直有同曲同工之妙。

江西的地方官都是些很拎得清的家伙，他们通过包装、策划，把一个天资聪颖的少年打扮成神童的样子送到京城。史书上说他

“七岁能属文”，就是说他七岁的时候就写得一手好文章。此事真假难辨，因为他早期的作文本子也没留下来，天晓得他是不是个作文天才。不过就算书上说的是真的，大概也不是什么了不起的大事，宋人十岁以下能写文章的多得是。这个问题我们不去纠缠，我们关心的是，景德二年（1005），晏殊十四岁了，已经是个半大青年了，他被江西地方官以“神童”的名义送到了宋真宗面前。

宋真宗一看，这个少年眉清目秀的不错啊！但刚经过一场大战，朝廷的事情一箩筐，皇帝日理万机的总不能为你一个人考试吧？正好五月份大开恩科，皇帝亲自在大殿里主持考试，不差你一张桌子，到时候你跟着人家考进士的人一起考得了。就这么着，晏殊既不是河北战区考生，也不是屡考不中的老头子，他作为一个特殊考生获得参加殿试的机会。按说那些正式考生们都是考场老战士了，什么阵势没见过，在皇帝面前答卷不紧张是应该的。可晏殊是个刚从外省来的乡下小子，从来没有参加过政府组织的考试，更不用说皇帝主持的殿试了，他应该紧张啊，他应该手足无措啊！但是人家晏殊在几千个考生中毫不逊色，胸有成竹，气定神闲，史书上说他“援笔立成”——在别人绞尽脑汁搜肠刮肚的时候，这边厢晏殊提前交卷了。而且他的考场作文文从字顺、妙笔生花，让宋真宗看了爱不释手，看来这个神童真材实料，的确要得，于是宋真宗大笔一挥，赐江西小神童晏殊进士及第。

如果仅仅考中个进士，还不会引起宋真宗多大的兴趣，正像我们前面讲的，这一年两次考试总共录了各方才俊两三千人，朝廷现在不缺人才。宋真宗欣赏晏殊，是因为这个小家伙太可爱了，性格特阳光，有一说一，从来都不装。前面晏殊不是参加了进士考试获取功名了吗？过了两天，宋真宗亲自接见了他，考进士的题目大概还显不出神童的功力来，这次宋真宗精心设计了一道作文题目，要单独考考晏殊，让他当场限时完成。没想到的是，当考试题目一报出来，晏殊对皇帝实话实说，这个题目我十天前正好押题押中过，而且也预先练习过了，这样考不出我的真实水平，请皇帝再换个题目吧。

宋真宗一听大为惊异，觉得眼前的这个小家伙还真老实得可以。如果别人碰到这样的机会，还不是打心底里偷着乐，押题不就是为了中大奖吗，他倒好，坚决不沾这个光！看来一方面是仗着天纵之才，不在乎；另一方面，还真是一个忠厚老实之人。文人最怕无行，好文章时时有，好人品却少见。文章好、人品也好，那才是真正难得的人才啊！宋真宗赶紧让人张罗换了考试题目，时间不长，晏殊就交卷了。宋真宗拿过他的考卷一看，果然是篇好文章，看来这个神童的确不是水货。虽然之前他算是考中了进士，但在宋代，考中进士只不过表明你有了做官的资格，并不是说你马上就能当官领薪水、成为国家公务员了。朝廷还要给你安排一个具体的工作岗位，这才算踏上仕途，正式挣工资了。宋真宗对晏殊的才学十分满意，但晏殊毕竟是个小孩子，不可能让这个新科进士当亲民官，去整天面对诉讼官司、邻里纠纷，于是按照惯例，宋真宗让他做的是“秘书省正字”。以前杨亿当神童的时候也干过这活，表面上看类似于出版社的编辑校对人员，实际上也就是那么个名分，表示他可以按照“秘书省正字”的工资标准领薪水了。其实宋真宗真正让晏殊做的事情是“秘阁读书”，秘阁是皇家图书馆，晏殊别的事情不用干，你就坐在图书馆读书，在知识的海洋里多遨游几年，做王朝干部的后备力量，以备将来大用。怕晏殊调皮翘课，宋真宗还专门安排大臣做他的监护人，时不时地了解一下他都读了些什么书啊，都和一些什么人来往啊，可谓关怀备至。

这之后的日子，晏殊就按部就班地在皇家图书馆里读书，他对自己的身份定位很清楚，就是为盛世写写文章、唱唱赞歌，可以说是个典型的帮闲文人角色。朝廷有什么重大礼仪活动，他总是提出要求前去观看，哪怕当当陪衬也好。日子一天天如水流过，晏殊的成长始终没有脱离过宋真宗的视线。宋真宗的儿子(即后来的宋仁宗)一天天长大，做老爸的总要给他身边安排几个官员扶持着，皇太子的成长关系到王朝的未来，一定要有几个学养深厚、道德高尚的官员辅佐他才行。因为皇太子一般居住东宫，所以皇子的这些属官也称“东宫官”。在所有工作里面，最有前途的就是这个所谓的东宫属官了。为什么这么说呢？为太子服务的人有一个专有的名字，叫“从龙之士”，太子是龙子，总有一天会君临天下，到了那时候他身边的人自然都会鸡犬升天。宋朝的皇帝大多擅于此道，特别是宋太宗，更是在这方面无所不用其极，他本人当了皇帝后，原来跟着自己混的马车夫，也都能提干当个将军什么的，更不用说他的保镖啊、秘书啊，阿猫阿狗都有大官做。宋真宗只有一个儿子，这里面还没有皇储竞争，跟着皇太子干，提前和未来皇帝打好感情基础，天底下哪有这么好的工作？大家都挤破脑袋托关系走门子，希望得到这个美差。谁也没想到，在这个重大人事安排上，宋真宗自有主张，他专门从皇宫内给宰相递出条子，一定要让晏殊当皇太子的记室参军。当时的宰相感到很奇怪，晏殊虽然出身高贵吧，但是这些年也总是很低调，不显山不露水的，怎么会有这么通天的本领，居然让皇帝老子亲自打招呼、递条子？而且担任的是皇储身边重要位子“记室参军”？封建王朝的人事关系非常复杂，皇帝虽是金口玉言，他的地盘他说了算，但是一下子剥夺了大臣的推荐任命权，总得给手下一个说法吧？第二天，宋真宗专门给执政大臣解释为什么一定要用晏殊，他说现在世道太平，我听说朝廷中的文臣们工作之余，特别喜欢凑到一块儿吃喝玩乐，只有晏殊和他的弟弟从不参加这类应酬，整天在家里闭门苦读。这种精神是值得学习的，我给儿子找东宫属官，正是需要这样有学习劲头的人啊！否则的话，找那种喜欢吃喝玩乐的，还不把我的宝贝儿子带坏了？

过了几天，宋真宗亲自任命晏殊做皇储的属官，又拿这套话当面夸赞了他一番，鼓励他戒骄戒躁，继续发扬学海无涯苦作舟的精神，好好辅导皇太子。哪知道晏殊根本没顺着宋真宗递过来的竿子往上爬，他一听宋真宗夸自己追求学问胜于追求享乐，马上向老板解释，这个真是误会了。他说万岁啊，实际上我也是那挺喜欢热闹、挺喜欢吃喝玩乐的，但是参加这种社交活动总得有来有往啊，我主要是兜里没钱，基本上是个月光族，总不能整天死乞白赖地蹭人家的好处吧？所以我才和弟弟在家里读书，闭门不出，这都是实在没法子的事情。但凡我有点闲钱，早就和大家伙儿一样，到处参加派对了。晏殊说的的确是实情，他之前做的都是清闲的小文官，薪水不高，十四岁就上京城打拼，也确实没有什么家底，这是一个原因。另外呢，晏殊其实也是个派对大王，等到他后来当了宰执大臣、钱对他而言不再成问题的时候，他几乎夜夜笙歌，把富贵的生活过到了极致、过出了水平，不过这可都是后话了。宋真宗不会因为晏殊说了实话，就后悔自己看走了眼，甚至埋怨谍报人员工作不细致，他反而更加欣赏晏殊了。对皇帝来说，手下贪玩一点没问题，甚至经济上有点污点也没问题，重要的是能对皇帝讲真话，不讲假话。

晏殊虽然年纪轻，但做事老道，考虑事情周全，他执行皇帝的命令从不打折扣。有一次宋真宗了解到他和弟弟晏颖闭门苦读，就想让他把弟弟平时的家庭作业拿来看看，并嘱咐他不能帮弟弟修改文章，宋真宗想看的是晏家小弟的真实水平。而晏颖见哥哥要拿着自己的习作给皇帝看了，这是好事啊！他多次央求哥哥帮忙润色一下，但晏殊却始终不答应，还是把弟弟的文章原模原样地交给皇帝。晏殊当上翰林学士后，成了宋真宗身边的高级秘书和顾问人员，有时候皇帝有个什么不明白的事情，往往要咨询一下他。怕太监传话传不清楚，宋真宗要把所问的事情写在一张小纸头上，让太监带给他。他对皇帝的问题详细作答，然后和皇帝用来咨询的小纸头一起封好，上交给皇帝，以免这个小纸头传出去，造成对皇帝不好的影响。这一点让宋真宗非常欣赏，他觉得这个新神童晏殊甚至比老神童杨亿更值得信任。杨亿是真宗朝的大手笔，宋真宗但凡用杨亿写个什么材料，这位杨神童恨不得嚷嚷得满世界都知道，这文章是他杨亿替皇帝写的。有时候明明是宋真宗独立完成的,杨亿也把版权算作自己的,这让宋真宗很生气。而晏殊虽然年纪不大,但做起事情来,比那些老官僚还要靠谱。

晏殊是个人才啊,一定要给儿子留好,宋真宗常常这么想。

宦海浮沉都和一个女人有关

宋真宗晚年大搞“天书政治”，整天装神弄鬼的，搞来搞去自己都有点老年痴呆了，身体也垮掉了。结果儿子还没长大，他就撒手西归，真的被自己制造出来的“神仙”召到天上了。大宋王朝又面临一次生死考验——孤儿寡母坐天下。这种事情上一次发生是在六十年前的后周，周世宗三十几岁上就驾鹤西归了，死后把天下撇给了不足二十岁的遗孀符太后和七岁的儿子柴宗训。结果怎么样呢？后周禁军头目赵匡胤轻而易举就把后周的江山改了姓，建立了大宋王朝。时间过去一甲子，风水轮流转，现在大宋朝也面临相同的问题。

但是情境虽然相似，时势却并不相同。一方面北宋自宋太祖开始苦心经营，财权、兵权俱归朝廷，再发生“陈桥兵变”的概率已经很低了。另外，此时主政的是大名鼎鼎的刘太后，她可是大宋第一传奇女人，说起来比武则天还要聪明一些。武则天当了女皇，但不能善始善终，不仅自己晚景凄凉，死后还留下一大堆争议话题；而刘太后也做了事实上的女皇，但人家善始善终，虽然当时有些争议，但总体上得到了宋代之后历任统治者的尊敬。宋真宗死后，有十多年的时间，是刘太后在维持着整个王朝的运转，虽说是垂帘听政吧，但所有的大事小情，都是刘太后一人说了算，这多多少少让以男权为中心的政治传统不太认同，但也仅此而已——刘太后除了是个女人之外，再也没有多少可以让大臣们讨论、攻击的话题了。

刘太后当政的十多年，也是晏殊仕途生涯大起大落的时期，而且他仕途上遭遇的波折都与这个女人有关。我们先说升官吧。宋仁宗即位前，晏殊已经获得文人梦寐以求的职位——翰林学士。宋仁宗即位后，按惯例给晏殊升了官衔。但是刘太后为了拉拢这位当年被自己丈夫看好的大才子，就专门给人事部门打招呼，说晏殊是“东宫旧臣”，应该格外加恩才对。于是朝廷又专门给他提了级，史料显示他现在已经是正五品的“给事中”了。虽说刘太后主动给晏殊抛出了橄榄枝，但他并没有因此就对刘太后感恩戴德、惟命是从。他少年早贵，以正直立朝，那也是得到先帝爷亲口赞许的，不会因为得到刘太后的特殊照顾就从此俯首贴耳，被天下读书人耻笑了去。晏殊与刘太后的冲突很快在一件事情上暴露出来，那就是张耆（？—1048）任枢密使事件。张耆此人说起来可比晏殊资格老多了，人家是宋真宗当年的“东宫旧臣”，深得真宗的宠幸。不过这现在已经是宋仁宗的时代了，按说张耆不会继续吃香了吧？恰恰相反，现在倒正是他的大好时光。为什么这么说呢？关键在刘太后身上。刘太后出身卑微，当年就是靠着张耆的绍介，才得以傍上宋真宗的。当时宋真宗还只是个亲王，前面还有几个更得老爸宋太宗看重的哥哥，皇帝的位子本来是轮不到他的。后来阴差阳错、机缘巧合，宋真宗接了老爸的班，那刘氏的行情也跟着水涨船高。宋真宗这个人皇帝做得怎么样，还真两说着，但有一个大优点，那就是他用情专一。他和刘氏一见钟情，双方的关系保持始终。当年正因为他们俩太恩爱了，王府的奶妈看不惯，向宋太宗打了小报告，老爸逼着儿子把刘氏赶走。皇爹有命不得不遵啊，但把刘氏赶走又舍不得，怎么办？还是找自己的下属张耆想办法，最后把刘氏藏到张耆家里，一直到宋真宗登上了皇位，刘氏才得以重新回到宋真宗身边，从基层小三干起，一直到了四十几岁才修成正果，终于当上了皇后。现在刘皇后变成"垂帘听政"的刘太后，虽然张耆是过了期的"东宫旧臣"，但是因为和刘太后之间有这么一段渊源，所以刘太后当然要好好报答这位月老了。金银珠宝这样的俗物张耆是不缺了，那送他什么好呢？就送官职吧！于是刘太后下令让张耆当枢密使。宋代的枢密使相当于国防部长，当时称"枢相"，也属于宰相队伍中的一员，职位是非常重要的。

再说张耆这个人呢，的确没有什么过人的本事。不过在君主专制时代，没有本事不见得是什么坏事，专制体制下的官员，啥事不做比乱做事可一点都不差。但问题是枢密使这个位子太重要了，找一个啥都不懂、只会拍马屁、帮着皇帝拉皮条的人来做，那不是让天下人耻笑吗？本来天下人耻笑也不打紧，吹皱一池春水干卿何事？但问题是晏殊出身高贵，凭着一手好文章和一颗赤诚忠心才熬到了枢密副使的位子，本来见到自己讨厌的人可以敬而远之，现在倒好，你把这尊活菩萨搬到我的单位，做我的顶头上司，这如何能忍受？大家都知道刘太后和张耆的特殊渊源，再加上刘太后垂帘听政、一手遮天、炙手可热，满朝大臣谁也不愿去触这个霉头。这个时候晏殊站出来，坚决反对朝廷对张耆的任命，大大驳了刘太后的面子，一时间搞得舆论大哗。这件事让刘太后很不高兴，觉得这个晏殊太不听招呼了，留着他在朝中不能给我帮忙净给我添乱，早晚找个由头把这小子赶出京城才好。

也合着该出事，某日晏殊跟随小皇帝到道观拜神，本来应该穿戴整齐，手持笏板，毕竟这是比较大的礼仪活动，作为朝廷大臣的晏殊一定要注意仪表。结果这一天他出门忘记带笏板了，缺了这玩意儿成不了席啊！他赶紧打发家人回家去取。再说接到这项任务的家人也不知什么倒霉催的，磨磨蹭蹭让晏殊等得好不心焦。等到那个梦游的家人终于送来笏板，早已火冒三丈的晏殊接过笏板，二话没说就动了粗，一板子过去，把这个偷懒家人的门牙都给打掉了。实事求是地说，晏殊这个行为的确不对。首先，笏板是什么？说起来是为了大臣见皇帝的时候，怕忘了说什么，拿它当个记事本，类似于现在不少白领随身携带的小笔记本电脑，但实际上它更是一种礼器，是朝廷尊贵、官员身份的代表，平常人是没有资格拿这玩意儿的。这么高贵的东西怎么能用来打人呢？第二，就算不用笏板而是用别的什么板打也不对啊！你是有身份的人，一举一动都反映着朝廷的法度、尊严，怎么可以当众失态呢？更何况随便打人，这也太不尊重人权了。于是几个官员揪住晏殊这个打人事件不放，狠狠参了他一本。最后，晏殊"忿躁无大臣体"的罪名成立，被罢去枢密副使的职务，赶出朝廷。这是晏殊仕途上第一次被贬，表面原因是打掉人家的牙齿，实际上如果不是因为得罪了刘太后，他也不会因为这件小事丢了宰执大臣的位子。

晏殊这次贬斥时间并不长，不到两年就又被调回朝廷，担任御史中丞的职务。御史中丞相当于国家大法官，位置也非常紧要。北宋中前期，御史中丞可以说是风光一时，虽然官职比宰相低多了，但台谏官照例可以“风闻奏事”，不必提供证据，不必曝光原告，可以直接对包括宰相在内的朝中大臣弹劾，这一特权简直比尚方宝剑还厉害。这时候刘太后还在位子上，晏殊重回中央，是不是就变得圆滑了呢？江山易改本性难移，晏殊依然故我，保持正直书生的本色，并没有去随波逐流、与世俯仰。明道元年年底，刘太后身体已经大不如从前了，她打算拜祭一下太庙，作为赵家的媳妇，向列祖列宗汇报一下自己这十来年“垂帘听政”的工作成绩。拜祭太庙这个要求很正当，但是却有一个问题摆到桌面上，刘太后应该穿什么样的服装参加这次典礼？之前做此事的都是皇帝本人，还没有出现过主政太后谒告太庙的情况。这种活动又是大礼仪活动，服装的选择要经得起历史的考验，绝对不能马马虎虎。按照刘太后本人的想法，自己都已经做了十年事实上的皇帝了，上朝时见见大臣，发布发布文件，所有的礼仪规制都和皇帝一样，大臣见了她也是要高呼万岁的，那自己这次参加拜祭太庙的典礼，穿着皇帝的礼服应该没有问题。一个女人，在男人说了算的社会，穿着皇帝的礼服举行大礼仪活动，那是多么风光的一件事啊！刘太后想想就觉得幸福。但是大臣们会同意吗？晏殊是个有学问的人，地位又高，如果他同意了，其他大臣多半不会反对。于是刘太后就专门咨询晏殊。

晏殊可不是那种见风使舵的人，他有一说一，绝不逢迎。他当然知道太后的心思，但还是坚持原则，直言按照礼制刘太后只能穿太后的服装进太庙。这个答案让刘太后非常失望，她又把目光扫向其他大臣。那些大臣们都唯唯诺诺，这时候有个叫薛奎的大臣支持晏殊的意见，也坚决反对刘太后穿皇帝的服装。薛奎没有引经据典，他只是反问了刘太后一句话，说太后您如果穿着皇帝的礼服进太庙，见了列祖列宗，您是行男人之礼还是女人之礼呢？因为男子跪拜和女子跪拜动作是不同的，大概在服装设计上也考虑了这个细节，作为一个生活常识，没有人觉得不妥，可现在这个问题却硬生生地提出来了，你刘太后到底怎么拜？这个问题让刘太后很纠结也很受伤，的确如此啊！自己再要强，到底还是女人，就算把皇帝的服装穿在身上，终究不能改变自己的性别啊！最后只得折中一下，让有关单位专门设计了一套与皇帝服装很接近的礼服，好歹把这件事情糊弄过去。

不久，晏殊第二次被贬出朝廷，但的确和这次服装事件无关。刘太后拜过太庙才四个月就去世了，她的假子宋仁宗亲政。宋仁宗是宋真宗唯一的儿子，也就是包公戏“狸猫换太子”中的那个太子。他亲政后做的第一件大事就是彻底清算“太后党”，对刘太后的一套宰执大臣班子进行大换血，几乎一个不留。真是倾巢之下安有完卵，这个屡次得罪刘太后的晏殊居然也在被贬之列。这次外贬有五年多，一直到景祐五年（1038），北宋的国际环境越来越不妙了，仁宗皇帝抓耳挠腮地不知道怎么办才好了，这才想起了自己这位“东宫旧臣”。一纸圣旨，晏殊又回到他熟悉的京城，并由此开始走向个人仕途生涯的顶点。

君子在其位，不在其时

宋仁宗康定元年（1040）春，晏殊当上了枢密使，再次进入宰执大臣的队伍，之后步步高升，一直到庆历四年（1044）秋，晏殊再次被贬出朝廷，他一共当了四年半的宰执大臣，这可以说是他仕途的巅峰时期。

这四年多的时间里朝廷上发生了两件大事：一件是宋夏战争，一个蕞尔小国把煌煌天朝打得几乎找不到北；第二件事情是“庆历新政”，朝野上下痛彻地发现，不改革是没有出路了。晏殊恰巧就在这么个多事之秋，再次站到了权力的中心。其实，他是以神童的面目出现在大宋历史上，他是为了太平盛世而来的，即使做宰相，他也更适合做一个太平宰相，分享盛世的荣光。多事之秋是范仲淹、欧阳修们的时代，这样的时代其实不属于晏殊，这四年是他仕途顶点的四年，但绝不是他快快乐乐的四年，所面对的也并不是他所熟悉的生活。特别是一个小老乡，更是把他搅得不得安生，这个小老乡就是大名鼎鼎的欧阳修。

欧阳修于宋仁宗天圣八年（1030）考中进士，当年的主考官正是晏殊，欧阳修说起来也算他的门生，再加上他们都是江西人，这样看起来两人的关系应该亲密才对啊，但事实并非如此。欧阳修当年为了支持范仲淹，公开写信痛骂当朝谏官高若讷，向朝廷自请贬谪，获得极高的舆论分。但晏殊对这位名扬天下的青年才俊却并不怎么在意，以至于欧阳修平时都很少获得拜访晏殊的机会，心理很不平衡。有一次欧阳修调到外地工作，专门给晏殊写了一封信，表达自己想拉近关系的愿望，其中有几句是这样写的：

> 出门馆不为不旧，受恩知不为不深，然足迹不及宾阶，书问不通于执事。岂非漂流之质，愈远而弥疏；孤拙之心，易危而多畏。
>
> ——《与晏相公书》，《欧阳修全集》卷九十六

字面的意思是，说起来我也是您老的学生了，得到您不少栽培。但是我想登门拜访的愿望总是得不到满足，甚至连写信问候的机会都没有，这是为什么呀？难不成是因为我的命不好，天生就不被人待见？还是因为我太笨了，怕别人嘲笑我、诋毁我而想三想四不敢主动亲近？谦虚、自责的话一大堆，实际的意思很明确，就是想上门套套近乎。接到欧阳大才子的来信，晏殊是怎么处理的呢？他根本懒得亲自动手回复，随口说了两三句话，让身边的工作人员记下来当做回信。当时有人劝晏殊说，那个欧阳修也算是人气很高的名人了，他写了那么一大篇文字来示好，希望能登门拜访一下，您就用十来个字应付他，礼节过于草率了吧？晏殊却不屑一顾地说："答一知举时门生已过矣。"意思是欧阳修不过是我当年录

取的一个考生而已，我老人家给他回十几个字就已经不错了，管你现在是不是明星大腕。几十年后，晏殊的儿子晏几道日子过得很不如意，但是依然保持着晏家特有的“傲骨”，大文豪苏轼求见，他也一口回绝：“今政事半吾家旧客，亦未暇见也。”爷俩儿的脾气，竟然相似乃尔。晏殊后来把欧阳修提拔到谏官的位置，没想到欧阳修整天给朝廷提意见，一点都不安分。虽说欧阳修此时已经名满天下，连远在四川乡下读书的小苏东坡都成了他的粉丝，但晏殊还是好多次当面训斥欧阳修。

不过晏殊自己也没想到，他人生中最大的一次挫折却与自己这位门生兼小老乡有重大干系。他调回京城不久，欧阳修也经过一轮贬谪生涯回到京城任职。而此时晏殊已经是官居枢密使，手中再也不缺钱了，因此他时不时地呼唤一些文友，大家一起喝酒作诗好不快活。他很享受这样的生活，特别是经历两次贬谪，他更加珍惜如今这高朋满座、诗酒风流的日子，他自己在词中就说了：“满目山河空念远，落花风雨更伤春。不如怜取眼前人。”如果放在宋真宗时代，宰相有此雅趣是正当的，但是现在的情形却和当年不同了，北宋日子开始举步维艰起来。晏殊康定元年(1040)入主枢密院的时候，西夏元昊已经造反一年多了，特别是这年正月，西夏军打败宋军，俘虏了大将刘平、石元孙；到了次年的正月，西夏又取得好水川大胜，宋军大将任福阵亡；十二月(此时已改元为庆历，十二月初七为公历 1042 年 1 月 1 日)，辽国也在境内会集兵马，一副咄咄逼人的架势，宋辽边境形势非常紧张，大宋王朝顷刻间有点风雨飘摇、风声鹤唳之感。这个时候作为主管全国军政的枢密使晏殊理当与国休戚、励精图治才对，或者就算没有这个心，至少也应该装出这个样子来，毕竟这是在战时啊！但晏殊天性不会装，脑子中根本没有这根弦，依然过着呼朋引伴、风花雪月的日子。有一天开封城下大雪，整个开封城冰雕玉琢一般，这让晏殊诗兴大发，忍不住又招呼文友们到府上开派对，期间舞女笙歌，快雪时晴，真是“暮去朝来即老，人生不饮何为”的良辰美景。正在这宾主尽欢的时刻，座中的欧阳修终于按捺不住，他站起来当场作了一首《晏太尉西园贺雪歌》，名为作诗助兴，但实际上这首诗到底会产生什么效果，我们听听其中的四句就知道了：

> 主人与国共休戚，不惟喜悦将丰登。
> 须怜铁甲冷彻骨，四十余万屯边兵！
>
> ——《欧阳修全集》卷五十三

你作为宴会的主人，应该和朝廷同甘共苦啊！这么大的雪当然对农业生产有好处，瑞雪兆丰年，明年肯定是个大有之年。但是国家的事情可不止庄稼收成这一桩事儿，怎么能借着这个由头燕舞莺歌呢？要知道宋夏正在交战，宋辽边境紧张，有四十多万的边防战士，他们早就冻得受不了了，想想这些人，我们怎么能乐得起来！

欧阳修的诗是对晏殊这种花天酒地生活最严厉的批评，虽然说在大家欢歌笑语的酒席上公开发表是很煞风景的，但欧阳修说得没错啊！晏殊的确不应该这么高调地晒他的幸福生活，一不小心,让自己的门生给黑了一把。更悲剧的是,晏殊还不能公开反驳他,只能硬生生地咽下这口气,忍受小字辈的揶揄和批评。不过到底是心里不太服气,他私下里曾经向人发牢骚,说当年唐朝藩镇叛乱,形势也很紧张啊,韩愈参加宰相的宴会,也写诗的,人家写的是什么呢? 无非都是一些钟鼓馔玉、良辰美景之类的句子,也没见过他装清高,写这种冠冕堂皇的诗句,显得自己很有正义感,却把大家伙都给绑架到道德审判台上了,伤了主人的面子,扫了大家的兴,欧阳修这小子真是个能捣蛋的家伙!

牢骚归牢骚,晏殊毕竟是朝廷重臣、文坛巨擘,以前吃过脾气急躁的亏,经过这么多年的磨练,现在可成熟多了。而且说到骨子里,晏殊还是一个比较大度的人,宰相肚里好撑船嘛! 欧阳修写这首诗的时候,还只是一般的朝廷文职官员,也就是常说的"馆职",虽然是清贵之选,后市看好,但当下的确没有什么权力,没有资格参与朝廷重大决策的讨论。晏殊虽然不高兴欧阳修的做派,但是想你既然这么愿意与国休戚,你这么喜欢提意见,那就别在皇家图书馆里享清福了,干脆我推荐你做一个专门提意见的官儿——谏官,那样就是人尽其能、物尽其用了。于是晏殊从枢密使升任宰相后,马上举荐欧阳修当了谏官,专职给朝廷大政方针提意见。可是晏殊没想到,他很快就为自己大度的举荐而后悔了。

欧阳修一当上谏官,几乎一天也没闲着,得空就给朝廷上书提意见。他所提的事情涉及方方面面,无所顾忌,甚至连座师、推举人晏殊也不放过。晏殊这个人最大的好处就是奖掖后进,向朝廷推荐贤良之人。这里面当然有成功的,比如范仲淹、韩琦、欧阳修都是他举荐过的。但是林子大了什么鸟都有，也备不住有那么个把歪瓜裂枣。别人提提意见没有什么了不起，但是作为老派官员代表的晏殊，还是不能接受来自自己门生的攻击。事情的经过是这样的，晏殊向朝廷推荐了一个叫凌景阳的官员担任“馆职”，朝廷已经让凌景阳参加专门的考试了，这个时候欧阳修提意见了。他给宋仁宗上书说，朝廷馆阁之臣都是文人极选，是宰辅大臣的后备力量，不仅学问要好，而且一定要正人君子才行，不是说谁想干就能干得了的，那个凌景阳就不能干这活。为什么凌景阳不行呢？因为他文学水平太一般了，又没有什么才能。不过话又说回来，有没有才能，文学好不好，那是人事部门可以通过考试来验证的事情啊，要看考试成绩的，哪能凭你欧阳修一句话就给罢免了？实际上欧阳修攻击的重点不在这里，这一条是虚的，他的重点在于凌景阳“给婚非类”（《资治通鉴长编》卷一四一），说白了就是凌景阳爱上一个不该爱的人：他竟然和一个酒店老板娘结婚了。作为一个读书人，却和商家结婚，这在当时来说是不被认可的，连当学士的资格都没有了。而且在欧阳修看来，凌景阳爱上酒家女，显然是为了金钱而自贬身价，欧阳修说：“推此一节，其它可知。物论喧然，共以为丑。”意思是就这一条就知道凌景阳这个家伙人品不行，大家都议论纷纷，觉得这真是斯文扫地啊！如果这样的人进了馆阁，会给朝廷带来什么影响呢？这也就是在北宋，当时的知识分子精英意识非常强，如果让欧公生活在现代，他一定会鼻子都气歪——我记得前几年温州某老板招女婿，结果报名情况十分火爆，据说有一大堆戴着博士硕士帽子的青年才俊前往报名排队。当然我绝没有批评之意，时代不同了，商人的地位早就提高到普通人之上了，把招女婿当成招聘员工一样操作，也算是婚姻传统的大创新。更何况现如今博士硕士比白菜还多，能卖个葱价钱已经不错了。这话扯远了，我们再拉回来。欧阳修的上书很快有了回应，已通过考试的凌景阳还是被罢免了，搞得举荐人晏殊好没面子。

晏殊自己当上宰相，想提拔提拔欧阳修让他发挥一下从政热情，但这位小老乡知无不言言无不尽，很快让晏殊受不了了。他找个机会，罢了欧阳修的谏官之职，让他出外担任河北转运使。河北转运使的担子很重，晏殊主要是嫌欧阳修太吵，这次放了他的外任算不上什么贬谪，只能说是朝廷委以重任。但是此时正是“庆历新政”的关键时期，改革、保守之争渐趋白热化，革新派少了欧阳修这员大将实力大减。于是欧阳修的谏官同事们上书皇帝要求留下欧阳修，不要让他离开京城。但是晏殊可算是受够了这位小老乡的苦，说什么也不答应。这下子却把谏官们惹恼了，于是孙甫、蔡襄干脆朝着宰相晏殊开炮了，他们揭发了晏殊两件事情：一件是当年仁宗的生母李宸妃去世的时候，墓志文是晏殊写的。当时刘太后还健在，宋仁宗从小拿着刘太后当亲娘，一直不知道李宸妃和自己的关系。作为朝中大臣的晏殊应该知道这个秘密，但他的文章里却没有写李宸妃是仁宗生母，这显然是讨好刘太后。不过这个罪名确实冤枉晏殊了，他可不是那种趋炎附势的人。在皇室没有公开宋仁宗生身秘密之前，作为人臣的晏殊曝光皇宫秘闻的确不合法。他在碑志文中写了“五岳峥嵘，昆山出玉；四溟浩渺，丽水生金”这样模棱两可的句子，引发人们的猜想，这已经是顶着刘太后的压力，难能可贵了。谏官们攻击晏殊的第二条罪状，是晏殊擅自调用士兵给自家盖房子，然后当房东把房子借出去收房租。在国家危难的时候，他不是帮着皇帝排忧解难，反而蝇营狗苟，占公家的便宜，每天收个几十文房租小钱，哪里像个宰相的样子？其实这个指控后来被证明也是夸大其辞，晏殊从来就不差钱，哪里真的像他们说的那样不堪？但当朝宰相受到台谏官的攻击，通常情况下，无论攻击内容是否属实，这宰相的位子多半是坐不稳了。

晏殊因为逐欧阳修，最终被台谏官参掉宰相的位子。其实欧阳修也只是个引子，晏殊缺乏危机意识，喜欢的是一种按部就班的生活，而北宋庆历时代已经不是他理想中的时代了，此时朝野上下求新求变，政治上生机勃勃，关心政治、参与政治，已经成了文人的第一要务。他所追求的古典文人的快乐时光，毕竟是无可奈何花落去了。宰相罢职，朝廷通常要安排翰林学士专门写一道文书，也就是所谓的“罢相制书”。如果不是什么重大问题，这份罢相制书往往写得比较客气，到底是朝中宰相，应该进退以礼。晏殊的宰相当得虽然平庸，但毕竟没犯什么大错，按惯例罢相制书要多说说好话、多谈谈功劳。但是结果却恰恰相反，晏殊的罢相制书措辞严厉，在北宋历史上并不多见，特别是其中竟然有“广营产以殖私，多役兵而规利”的句子。北宋文人是最讲究气节的，这种严厉指责的句子一发表，晏殊心灵所受的创伤可想而知。通常这样的制书都是出自政敌之手，但令他感到意外是，这封制书竟然是自己文友加酒肉朋友宋祁的手笔。宋祁就是那位写下名句“红杏枝头春意闹”的大词人，人称“红杏尚书”，当时正是翰林学士。根据宋人记载，头天晚上宋祁还在晏殊家大吃大喝，做长夜之饮。第二天上班，皇帝让宋祁写晏殊的罢相制书，宋祁毫不犹豫、援笔立成，而这个时候呢，“昨夕余醒犹在”，意思是他昨晚在晏宰相家喝了个痛快，到现在还一身的酒气呢！

* * *　　* * *　　* * *

晏殊想做一个歌颂太平的文人，但他一生总要去面对各种各样的变故，就连自己的酒友也会落井下石；三次被贬的经历、人情世态的炎凉，都刺激着晏殊敏感的诗心。在被贬斥出京的日子里，他依然有条件过上令许多人艳羡的富贵生活，这种富贵即使不能成为抹平他心灵创伤的良药，但也并没有使他的生活从此平淡庸俗。后世的文学家都津津乐道于晏殊作品中的“富贵气象”，这到底是一种什么样的气象呢？恐怕不是简单的一两句话能描述清楚的。但至少我们知道，“昨夜西风凋碧树。独上高楼，望尽天涯路”，能写出这样优美文字的人，他的生活该是多么的优雅而别致啊！

苏舜钦：沧浪亭边的孤独酒客

庆历四年(1044)大宋王朝曝光率最高的人是苏舜钦。这年秋天他和一群志同道合的青年官员们,为一次轻狂的酒会付出昂贵的代价。苏舜钦是名相之后,家学渊源,二十多岁时就和梅尧臣、欧阳修、尹洙等人诗歌往还,引领了当时文坛的新潮流。“进奏院风波”之前,他刚获得馆职的职位,按照北宋政坛惯例,这样的职位往往预示着一个美好的政治前途。但所有这一切都在顷刻间化为泡影,进奏院里那场“最后的晚餐”不仅终结了苏舜钦的政治生命,也使北宋涵养了八十多年的文人精神,受到一次严重的考验。此后,大宋王朝有些东西没有改变,它仍然迈着慢条斯理的步子,逐渐走向它的衰败;而有些东西却改变了,再也无法回到它起初的样子……

宋仁宗庆历四年(1044)是北宋历史上很平常又很特别的一年,范仲淹的著名散文《岳阳楼记》开篇即云“庆历四年春,滕子京谪守巴陵郡”,其实也隐隐透露出当时不同寻常的政治风向。京城一直涌动着不安的气氛,这一年的政局让许多历史学家找不到头绪。深秋的一天,懒懒散散的东京汴梁突然骚动莫名,一场巨大的风波自一个叫“进奏院”的政府机关刮起,并迅速刮过整个帝国的上空。事情的经过是这样的,时任进奏院长官的著名诗人苏舜钦,按照习俗与同事们在自己的办公地点举行“祠神”活动,并照例用卖废旧文档的钱举行了一个单位内部的酒会。他不仅呼朋引伴地喊来了与自己关系不错的文友们,还特地召来几个妓女增加酒会的欢乐气氛。大家在进奏院里吆五喝六,高谈阔论,酒酣耳热时说了不少过头的话。相关情况很快通过一个秘密渠道报告到朝廷的纪律检查部门——御史台,“台吏”们按照名单捉拿每一个参加进奏院祠神酒会的人员,一张大网开始撒向这批不知天高地厚的文人们。不久这个案子就从重从快处理完了,《宋史》里说有十几个文人因卷入此案被贬谪出京城,而案件的首犯苏舜钦,更是受到严厉的惩罚,他被判“监主自盗”罪,不仅被罢了官,连进士出身也被剥夺了。“进奏院风波”之前的苏舜钦,虽然在文学上取得了很大的成就,但他的志向并非做一个诗酒风流的文人,而是更想在政治上一试身手。对宋仁宗时期的文人来说，这样的愿望很正当也很合理，他就是奔着这个目标去的。但是“进奏院风波”却残酷地撕碎了他的梦想。作为“进奏院风波”的当事人，苏舜钦到底是个什么样的文人？他为这场倒霉的酒会付出了哪些代价？

“文学美男”

苏舜钦(1008—1048)活跃于十一世纪三、四十年代的北宋。“进奏院风波”发生前,他可谓时代之骄子,无论是自己的社会声望、政治资本,还是当时具体的人事环境,都为他打开一扇通往理想之域的大门,他完全可以续写家族的光荣,在北宋历史上最生机盎然的时代,描画出属于自己的那部分色彩。他当时究竟处在怎样的一种人生境遇中呢?我们先从他的家世说起吧。

关于苏舜钦的籍贯有多种说法,他曾祖苏协自后蜀入宋后定居于开封,到他已经是第四代了,从这一点来看,说他是开封人也比较符合历史事实。正像我们现在所说的上海人,三代居住上海的,已经算是老资格的上海人了;如果是第四代,那更是毫无疑问的“上海人”。在当时的北宋文人群体中,苏舜钦算得上是一个仪表堂堂的人物,说是位“文学美男”一点也不过分。有不少诗文资料提到他的外貌气质,其中最早的描述出自大文豪欧阳修的文章。两人是铁杆朋友,他英年早逝后,欧阳修专门为他写了一篇墓志铭——《湖州长史苏君墓志铭》。“苏君”就是苏舜钦,“湖州长史”是他生前最后的官职,只不过他还没来得及走马上任就去世了。

在这篇墓志铭中欧阳修写他“状貌奇伟,慷慨有大志”,“奇伟”云云,强调其外表的不同凡俗,接下来写苏舜钦自我流放苏州后的生活时,说:

> 天下之士闻其名而慕,见其所传而喜,往揖其貌而竦,听其论而惊以服,久与其居而不能舍以去也。
>
> ——《欧阳修全集》卷三十

“往揖其貌而竦”,这句话比较耐人寻味。其实“竦”在此处不是让人害怕之意,而是敬佩、惊异的意思,苏舜钦的外貌能使拜访他的人由惊异而敬佩,那一定不是平常庸俗之态了。欧阳修在自己诗文中多次谈到苏舜钦的形貌,如“其状貌奇伟,望之昂然而即之温温,久而愈可爱慕”(《苏氏文集序》)、“众奇子美貌,堂堂千人英”(《答苏子美离京见寄》)等。虽然在给别人写的墓志铭中,欧阳修偶尔也提到传主的外貌“奇伟”、“雄伟”,但在文章和诗中反复强调外貌不俗的大概只有苏舜钦一人了。“奇”字用在描写人的外表时,并不是说“长得奇怪”,而是指稀缺、不俗,多少有那么点“惊艳”的意思,不过“惊艳”这个词不用在大男人身上罢了。那苏舜钦的外貌“奇”在何处呢?遍查史料,发现大概表现在这样两个方面:第一他个子比较高,与他同时代的文人刘攽曾说过:“苏子美魁伟,与宋中道并立,下视之。”什么叫“下视之”?就是看别人的时候要低下头俯视,与别人站在一起,居然要“下视之”,就算对方比较矮,苏舜钦的身高也算得上“鹤立鸡群”了。第二方面,也是最重要的,他长着一部漂亮的大胡子,这在古代文人中可是非常时髦的。不仅古代文人了,现在的男人如果有一部帅气的大胡子,也是会让不少天仙妹妹怦然心动的。说他是个“美髯公”我们有没有依据呢?其实是有的。宋人程俱《次韵张祠部敏叔游沧浪苏子美故园》一诗中写道:“醉倒春风载酒人,苍髯犹想见长身。”程俱写到苏舜钦故居的时候,触目生情,想起那个在沧浪亭饮酒长啸的苏舜钦,“苍髯”、“长身”云云,恰好道出了苏舜钦外貌的两个特点。宋人许景衡《借苏子美画像呈赵君》一诗中也写道:“铁面苍髯见旧诗,人间物色转参差。”苏舜钦是个名满天下的大诗人,在宋代就已经有他的“明星画”流传,那画中的苏舜钦是什么样子呢?“铁面苍髯”。到底是不是“铁面”,这个确实拿不准,“铁面”强调的更多的是苏舜钦的气质,而不是脸色,不能一说“铁面”,我们就想起京剧里的黑脸包公。但是“苍髯”这一特征,被多人说起,看来的确不假。综合以上材料,苏舜钦是个个子高挑、美髯飘飘、器宇不凡的帅哥应该没有疑问了。

除了秀然杰出于普通文人的奇伟形貌外,苏舜钦的一手好字也颇为时人所重。欧阳修说他“喜行狎书,皆可爱。故其虽短章、醉墨,落笔争为人所传”(《湖州长史苏君墓志铭》)。写幅字很快就被人抢去收藏,这可不是一般的书法水平。别人不说,欧阳修虽然名气比苏舜钦还要大一些,但从没听说有人抢着收藏他的字,当然如果真收藏的话,放到如今也是不得了的,连真伪难辨的黄庭坚《砥柱铭》都能卖上好几亿人民币,那欧阳修的字也便宜不了。如果说欧阳修是书法外行,可能会本着“爱屋及乌”的私心吹捧一下老朋友苏舜钦,那我们就听听其他宋人的有关证词。北宋人魏泰认为苏舜钦的书法“俊快”、“飘逸”,并特别提到他在“酣醉”之际写的草书,“争为人所传玩”,宋人王偁也说当时士大夫喜欢收藏苏舜钦的行草,“以为墨宝”。看来宋人宝贝苏舜钦的字是确信不疑的了。那么他的字到底怎么个好法?我们还是听听专业人士的“鉴定”吧。北宋书法四大家为“苏黄米蔡”,其中的“黄”指的是黄庭坚,他就对苏舜钦的书法评价颇高,甚至视之为自己学习书法的重要环节:“予学草书三十余年,初以周越为师,故二十年抖擞俗气不脱,晚得苏才翁、子美书观之,乃得古人笔意。”(《山谷集》外集卷九)他说自己刚开始学书法时学的是周越的字,结果学了二十多年还是写得不理想,一出手就是凡品,离大师的水平可差远了;一直等到后来不知从哪里搞到了苏舜钦(子美)和他哥哥苏才翁的书法作品,这才参透书法的真谛。“苏黄米蔡”中的“米”是指米芾,他不仅本人是个书法家,还是个“鉴宝”的大行家,比现在那些在电视“鉴宝”节目上频频露面的专家可强多了。米芾就曾对苏舜钦书法做了一个绝妙的评价:“苏舜钦如五陵少年,访云寻雨,骏马青衫,醉眠芳草,狂歌院落。”(《宝晋英光集》)这种充满想象力、讲究审美直觉的书法批评方式,在书法史上有重要的影响,后世不少书学著作都引用了米芾的这一评论。苏舜钦的书法带有浓重的复古主义倾向,并且浸透了古典文人性格中狂放的一面,可以说引领了北宋书法的审美新潮流。

苏舜钦显赫的家世和气宇轩昂的外貌,甚至包括他一手好书法,并不是他获得士林称许的主要资本,“进奏院风波”发生之前,苏舜钦的声誉更多是来自他文学创作实力和参政议政激情。他靠祖荫进入仕途(他的祖父苏易简是宋太宗时期的名相,算起来苏舜钦是个“官三代”),虽然后来又考中进士,但一直沉沦下僚,直到庆历四年得到范仲淹等人的举荐,担任了“监进奏院”的职务,前途才呈现出一片光明来。“进奏院风波”之前苏舜钦虽然官位不显,但“位卑未敢忘国忧”,曾多次直接向当局上书批评时政,有些意见得到最高层的采纳,比如皇帝打算偷懒,不想天天上班,苏舜钦听说后就上书反对,结果皇帝只好听他的,乖乖地天天到大殿里上班。我们从他写给当时的宰相范仲淹、杜衍(此人是苏舜钦的老泰山)的书信,也能读到他的拳拳忧国之心和对天下大事的担当感。庆历年间的东京汴梁一片生机勃勃,北宋王朝刚刚解除掉尴尬的宋夏、宋辽战争威胁,正是人心思变、士风张扬的时期。在汴梁文人的文学沙龙中,苏舜钦担任着重要的角色。据宋人朱弁《风月堂诗话》记载:

> 苏子美竹轩之集,皆当时名士。王胜之赋诗,人皆属和。子美诗其略云:“君与我同好,数过我不穷。对之酌绿酒,又为鸣丝桐。作诗写此意,韵如霜间钟。清篇与翠干,岁久日益浓。惜哉嵇阮放,当世已不容。吾侪有雅尚,千载挹高踪。”

这条材料是想说明苏舜钦“当世已不容”之句为“诗谶”,因为在这次文人集会之后一个多月,苏舜钦就因“进奏院风波”被开除公职,“当世已不容”成为事实。北宋自党争发生后,文人命运无常，后之论诗者多有“诗谶”之论，不足为奇，这条材料其实也告诉我们另外一个事实，“竹轩之集，皆当时名士”云云，说明苏舜钦担当了文学沙龙召集人的角色，如果没有一定的社会影响，这个事情是做不成的。

有显赫家世，有进士出身，有高官推荐，有基层经历，再加上形貌魁伟，文采斐然，书法又独领风气之先，这就是庆历四年（1044）苏舜钦借馆阁这一台阶跨进北宋政权核心地带的七大资本，如果没有“进奏院风波”这场突如其来的灾难，在他面前展开的将是一条非常顺畅的青云之路。

生命不能承受之重

苏舜钦在进奏院一案中承受着沉重的心理压力，这种生命不能承受之重来自三个方面：其一是领取了最为士人所不齿的罪名，名誉遭到毁灭性破坏；其二是生存价值体系的崩溃，自己面临新的人生选择，但时代并没有为他提供更多的选项；其三是历史责任的重负，北宋文人涵养多年的精神浪漫与政治率真，在庆历四年的这场祠神会上戛然而止，文人时代快乐的童年还没有完全结束，苍苍暮年已迎面而来。前两个方面给苏舜钦的生命带来巨大的痛苦，第三个方面则影响了北宋文人的心态发展走向。

苏舜钦得到的是"除名勒停"的惩罚。对重视名誉的宋代官员来说，除名勒停是除了死刑之外，最为严厉的处罚了。宋仁宗之前，被除名的官员大都是职务犯罪，或者是因工作失误，造成国家和百姓生命财产的损失；或者是贪污受贿，大逆不道，倒是很少因一"醉饱之过"而除名的案例。翻遍宋史，只找到一个特例。据《宋史》卷四记载，太平兴国三年（978）正月，"光禄丞李之才坐擅入酒邀同列饮殿中，除名"。在皇家庄严之地偷偷喝酒，真是"是可忍孰不可忍"，这个李之才受到除名的惩罚。可是苏舜钦祠神会上的

“醉饱”为什么也能导致“除名”这种严厉惩罚呢？苏舜钦的罪名到底是什么呢？谁是炼成这件“惊天大案”幕后的黑手？我们还是来看看他自己的说法：

> 台中谓去端闱不远，以榷货务较之孰近？若谓费用过当，以商税院比之孰多？舜钦或非时为会，聚集不肖，则是可责也。原书、济叔辈，皆当世雅才，朝廷尊用之人，因事燕集，安足为过？卖故纸钱，旧已奏闻，本院自来支使，判署文记，前后甚明。况都下他局亦然，比之外郡杂收钱，岂有异也。当时本恶于胥吏辈率醵过多，遂与同官各出俸钱外，更于其钱中支与相兼，皆是祠祭燕会，上下饮食共费之。今以监主自盗定罪，减死一等科断，使除名为民，与贪吏掊官物入己者一同。阁下观其事，察其情，岂当然乎？
>
> ——《与欧阳公书》，《苏舜钦集编年校注》卷九

这段文字比较长，我们来做一下简单的解说。苏舜钦在这封写给欧阳修的信中，从四个方面为自己辩白，这四个方面大概涉及御史台给他定的主要罪状。其一是进奏院离皇宫太近，聚众饮酒、吵吵闹闹，实在不像话。这个问题是存在的，但“榷货务”（相当于国家专卖局）离宫门更近，并没有人制止他们举行酒会，而“进奏院”吃喝一次，却要怪罪他们扰了皇宫的清静。其二是公款吃喝钱花得太多了，可是苏舜钦又指出“商税院”（大体相当于商业部）的官员每年“三公”花费更多，也没有人去管。其三是“聚集不肖”，我

想审判者在这里主要是指“召妓”的事,但苏舜钦在辩白中转移了话题,引向对参加宴会人员才能的赞扬上。其四是私设“小金库”,违规使用卖废纸的钱,苏舜钦对这一点也作了辩白,他强调了这笔钱“共费”和没有“入己”(即贪污),如此说来顶多算个“财务管理制度不规范”,远远够不上判如此重罪。这封信的核心内容就是,苏舜钦认为“进奏院风波”本身是一个小题大作的冤狱。从他最后得到的罪名来看,台臣的弹劾中虽然有燕集喧闹、近于宫门等指控,但重点还在于费用过当。苏舜钦的罪名是“监主自盗”,并没有直接说明是“醉饱之过”。以当时的法律规定来看,进奏院祠神会花了公家“故纸钱四五十索”,如果是“贪污”的话,的确够判死刑的标准。执法者对苏舜钦的处罚,表面上还是在法律许可的范围内。值得注意的是,执法者这里模糊了“公费”与“自盗”的界限,“公费”就是大家伙一起花掉,“自盗”就是利用职权自己贪污,这两种行为的适用法律有着天壤之别。但是很显然,办案人员还是给苏舜钦办了个贪污罪,这的确不太公平。其实进奏院风波中所谓“监主自盗”只是一个幌子,是最终定罚的借口,涉案文人主要还是因为“醉饱狂放”而得罪,苏舜钦虽然被判以“监主自盗”的罪名,但他要承担的责任远远比此罪名更加沉重。

“监主自盗”是令士人不齿的罪名。苏舜钦早有大志,常以士节自励、期望直挂云帆济沧海,背负这样一个龌龊的罪名,他的心理压力可想而知。而且在进奏院案件的审理过程中,苏舜钦还受到了人格上的污辱和肉体上的伤害,即所谓的“捽首就吏”、“刺骨定刑”。我们翻阅他在获罪后写给朋友的文章,能够清晰地感受到他的这种沉重压力。他的被除名，与范仲淹、欧阳修等人因“公罪”被贬不可同日而语。后者以道事君，余英时先生认为“在世间和超世间发生直接冲突时，帝王的惩罚反而成为知识人的光荣；惩罚愈重，光荣也愈大”（《中国知识人之史的考察》）。但是苏舜钦显然不具备这样的光荣，他所犯的是“私罪”，因这种罪名被贬斥，那可是人生中的奇耻大辱。这也是他和同情者们竭力想把“进奏院风波”与庆历新政、庆历诸君子联系到一起的深层文化原因。也只有通过这样选择性诠释，才能使苏舜钦的灵魂由自我放逐得到自我救赎，从而在一个才学只有“售与帝王家”才有意义的时代中，重新找到人生价值的支点。我们读读他在自我流放途中写的一首《舟行有感》：

客况知谁念，人生与愿违。
东风百花发，独采北山薇。

——《苏舜钦集编年校注》卷三

这是苏舜钦被抛到政治之外的真实心声，我们只能把它理解成庆历文人人生价值体系被破坏后的一声悲叹，而绝不是对古贤大隐的仰慕。北宋自仁宗之后，因批评朝政等政治原因而除名的文官越来越多了，文人一方面论政的风气渐渐多了许多禁忌，心理上更趋老成，一个熟练而保守的官僚体系也渐趋稳固。另一方面，文人自身的精神面貌更加内敛，庆历之后再少见任意狂放的文人风采，文人的言行渐渐被完全纳入到政治和儒家经典所认同的范围内。庆历高涨的士风,并没有直接推动一个浪漫主义文学时代的产生,确实是有着深刻的体系内部修正与调整因素在。“进奏院风波”中的苏舜钦和同时获罪的文人,是难以承担这份历史重负的。

宁折不弯的孤节

苏舜钦青年时代就以文名显，而且曾因上言受到皇帝宋仁宗重视，如今以“监主自盗”这种为士人所不齿的罪名而除名，其心中的忿郁可想而知。在事发后给老朋友欧阳修的信中，他说自己“一夕三起，茫然天地间无所赴愬”。他被除名后并没有被“编管”，这说明他还有人身自由，完全有权利住在京城。但是心高气傲的他怎么可能蒙羞于京城诗友之间呢？苏舜钦的买舟东下，“得罪身去国，犯寒挽孤舟”，有一种自我放逐的意味。

苏舜钦的离京，很大程度上是负气而行，是对自己宁折不弯之士人风节的坚持，同时也是对自己遭受不公正审判和处罚的抗议。姐夫韩维不理解他负气远下江南的举动，为此专门写了封信批评他：“以兄弟在京，不以义相就，以尽友弟之道，独羁外数千里，自取愁苦。”意思是亲戚朋友都在京城，你不好好呆在京城里，反而独自跑到江南去，这不是找罪受吗？另一位表兄韩绛也寄诗表达类似的意思。从这些亲戚们的指责中，我们可以发现他在“进奏院风波”后离开京城，并不是一般士子的常态，也没有得到亲友的理解，他是以一种决绝的姿态，向那些迫害自己的势力发出呐喊。时过千年，“进奏院风波”发生时的一些细节，我们已无法重现，但我们还是能从苏舜钦的诗文创作中触摸他当时的心态。古代文人受贬斥的所在多有，即使是被除名者，也往往在当时的道德法律框架下，继续做着自己的顺民，期待将来有一天东山再起。实际上朝廷大赦就是这样一个机会，据统计，唐宋期间平均每十八个月就有一次大赦，届时许多罪人都会获得君主的原谅，除非大赦文件有特别规定，否则即使被开除公职的人也有重新起用的机会。那苏舜钦为什么不安心地等待这样的机会呢？就算是对“进奏院风波”处理结果不满，也大可不必采取如此激烈的抗议行为，不仅力辩于书信中，还要负气出走，做出让亲友不理解的事来。苏舜钦虽然只是北宋文人的一个特例，但他的自我放逐却是文人心态史上的一个重要事件。

实际上像苏舜钦这样的放逐，在庆历以后的岁月里是不多见的，它是士人一种无声的抗争，这种抗争一方面得益于现实政治的相对宽容，另一方面也是庆历士风的一种特殊表现。虽然苏舜钦家世显赫，祖父苏易简曾官居宰相，自己的岳父杜衍又是当朝枢密使，但他的确并不是靠祖荫获得当时的声名和地位，在这一点上，他和宋代大多数文人官僚没有什么区别，也主要靠着自己的学识和努力获得后来的地位。苏舜钦成名较早，二十一岁时就与穆修、尹洙、欧阳修等人交游，倡导古文诗歌，为自己带来巨大的声誉。更重要的是他不仅家世显赫，他自己也有志于时，虽然官位一直不高，但在仁宗朝政坛上确实是一个锋芒毕露的人物。从加入文官队伍开始，他就表现出强烈的责任意识，常有所建明，有的还被朝廷采纳，如二十二岁时上《投匦疏》、《火疏》，论四制十一科取士之弊，反对重建玉清昭应宫；二十九岁时上《乞纳谏书》，要求广开言路，三十一岁时又上《诣匦疏》，要求革去时弊，并弹劾当时的宰臣王随、石中立等。以上这些还都是他在较低的职位上所写的。没中进士前，他曾被调任荥阳县尉，但很快因为这份工作"非所好也"，居然"锁厅而去"，辞职不干了。由此可见，苏舜钦的志向不在小，他抱着极强的入世愿望逐步走向政坛，从他身上我们能看出传统文人直道而行、意气浪漫的风范。但是希望越高，受到挫折后，失望就越大，也就越容易在心理上和行为上产生极端的倾向，这大概是苏舜钦"出京"的心理背景。

另外，苏舜钦这样的放逐也是对炎凉世态的抗议。他的性格有明显的偏执倾向，"进奏院风波"发生后，他有一种被整个文人集团抛弃的感觉，甚至有时候还认为自己的亲人也抛弃了他。他对弹劾自己的台臣和审判人固然不胜其忿，对自己的知己好友和岳父杜衍未给予有力的营救，也感到十分失望，他写信向欧阳修发牢骚，抱怨范仲淹、杜衍这样的朝廷重臣只顾"自保其位"，就算知道进奏院案是件冤假错案，也不肯开口相救，任由苏舜钦和其他参加酒会的人因为喝酒这样的小过错而被贬斥。他甚至还说"天子仁圣，必不容奸吏之如此，但举朝无一言以辨之，此可悲也"，在他眼里，朝廷简直就像"苏三起解"中的洪洞县，上上下下没有一个好人。不仅如此，在他的眼里，许多以前的朋友甚至还参与了对他的迫害行动。具体是哪个朋友迫害了苏舜钦，我们难以考证出来，但他行文之间透露出文人言语夸张的习气，也是不争的事实。翻读苏舜钦出京后的诗歌创作，我们发现他这种自我感觉“为世所弃”的心态十分明显，如“平生交游面，化为虎狼额”、“山是往时色，人皆今日情”、“风流看石兽，人事共江波”等，都有感叹世态炎凉之意。在飘荡江湖时遇到老朋友，他甚至说：“亲友舍我去，乃独与子游。”明明是自己离开亲友，却对朋友说是亲友离开自己而去，或者是指责亲友在情感上疏远自己。一个“独”字，把所有的亲友都纳入了抛弃自己的群体中。

这样的感觉不仅形之歌咏，有时候还直接在书信中表达出来。如我们已知苏舜钦对岳父杜衍的沉默心怀不满，他在给韩维的信中也抱怨对方“不相拯救”。这显然是不符合当时实际情况，有些苛责于人了。其实当时也有人上章营救，如韩琦、赵概，甚至处境并不太妙的尹洙也替苏舜钦进行过抗争，而这些事情，苏舜钦却假装看不见。

三个教训

在自我放逐的过程中，苏舜钦除了对自己周围的迫害势力表示出极大的愤怒之外，也有一种被社会遗弃的心理，这样的心理感觉造成他后期生活的巨大紧张。不过除了给几个相知的友人写信诉说“进奏院风波”本末外，他并没有直接向当政者申请昭雪。那么他有没有对自己行为的忏悔和自省，有没有试图在流放过程中进行自我救赎呢？实际上是有的。正像他自己所言，并不是喜欢、甘心“潜伏于江湖之上，闲置羁索，日与鱼鸟同群，躬耕著书，不接世故”的生活，而是“内实有所待耳”（《上集贤文相书》）。这也恰恰是北宋文人不同于前代的地方。

苏舜钦在“进奏院风波”后，并非一味强调自己的无辜，更多的时候他把这次被贬看作一次惨痛的人生教训。我们能从他的诗文中找到其思想变化的痕迹。“进奏院风波”后除了向亲朋好友振振有词的辩白外，他也有一种内疚和耻辱心理，这种心理对苏舜钦心态的影响是很巨大的。在这之前他意气风发，庆历三年范仲淹领导的“庆历革新”运动，也激励了诗人那颗跃跃欲试的心。他虽胸有大志，但仕途一直并不顺利，只做过两次知县（时间约为两年左右）和时间不长的"监在京楼店务"，其他的时间不是守制就是候阙，一直没有找到尽情施展才能的机会。"监进奏院"虽然不是什么高位，但毕竟是馆阁清要之选，当时还是十分受重视的。在这个职位上他完全有更多的可能施展抱负，可是因为"饮酒小过"痛失一展胸襟的机会，他在对处理此案官员表示愤恨的同时，自己也有着深深的悔意，后悔自己不谙世事，授人以柄。这种遗憾与悔恨始终伴随着苏舜钦，即使面对满眼春色，他也会发出"旅愁无处避，春色为谁来"的浩叹。特别是在苏州生活的后期，这种心情更加强烈，虽然不停地用古代隐逸高风来加强对自己的心理暗示，离开了公务员队伍，日子也能过得很好。但是苏舜钦毕竟不是生活在一个适于自放山林的时代，他始终没有办法给自己的心灵安排一个宁静的栖息处。他会在游山时痛恨自己的身心不一："神明日夜往，内顾行者尸。何由摆羁分，荣辱两莫期。清泉与白云，终老得自怡。"（《游山》）对林泉生活的向往，恰恰说明此刻的难以解脱；即使垂钓这样最为隐逸者所推崇的怡情活动，也没有给他带来任何心灵上的安慰："致君事业堆胸臆，却伴溪童学钓鱼。"（《西轩垂钓偶作》）你看我到底在做什么？空有一身报效朝廷的心思，却只能在这里学习垂钓技术。通过诗人的这些表述，我们能够看出他对自己因小过而被剥夺士人的身份，心中是极其不平静的，对现实的逃避，并不能打开他的心结。据《古今诗话》记载，苏舜钦曾在秋季登苏州阊门时题了一首诗云："年光冉冉催人老，云物涓涓又变秋。家在凤凰城阙下，江山何事苦相留。""江山何事苦相留"一句流露出浓重期望重新获得启用的心态。他还在诗的旁边又题了一句话："江山留人也？人留江山也。"自问自答间表现出自己无意于林泉的真实心态。欧阳修说苏舜钦"时发其愤闷于歌诗，至其所激，往往惊绝"，刘敞也在诗歌中写苏舜钦"佯狂烂醉遣日月"、"苏子佯狂不自疑"，他们可谓苏舜钦的知音。

苏舜钦另外一个教训就是由于自己过于高调，行为失于谨慎，不仅使自己遭到严厉打击，也使众多好友受到牵连。事件发生之前，进奏院就已经有在酒宴之间大谈国事的前例，而这种不严肃的议政方式并不为统治者及传统政治伦理所认同。苏舜钦当了进奏院长官后，此风渐长。虽然参与者有不少青年才俊，本来就以好议论闻名，但是作为主事者的苏舜钦还是因缺乏政治经验、过于疏放而酿成大祸。据《续资治通鉴长编》所提供的名单，"进奏院风波"中共有十二个人涉案。又据相关史料，梅尧臣、陆经也因此案受到惩罚。受"进奏院风波"牵连的大都是东京汴梁的知名文人，他们被贬斥后，当时人有"同时俊彦，为之一空"、"一时英俊，斥逐殆尽"的感叹，仁宗甚至因一时选拔不出合适的经学、文学人才而受到后世的嘲笑。苏舜钦本人也对好友的不幸遭遇感到十分内疚，如在写给王洙的诗中，他说："罪始职于予，时情未当隙。今来濠水涯，日夜自羞惕。"实际上，涉案者并非均为热衷分辨是非之人，尤其是这位王洙，更是个变通圆滑之辈，甚者有的人还为官声名狼藉，为正直士人不齿，但苏舜钦还是有"遂令老成人，坐是亦见斥"之叹。苏舜钦作为"进奏院狱"的主要责任人，连累了诸多好友遭到贬斥、侮辱，心中自然感到无言以对。他自我放逐于苏州，一方面是负气出京，另一方面也未尝没有内心愧疚、逃避现实的因素。

苏舜钦第三个教训是没有正确面对自己的过失，始终不能获得心灵上真正的安顿。在进奏院的案子结案后，他虽然一方面说自己“当日之事，绝不历于齿牙之间，或亲旧见过，往往闵恻而言，以谓某以非辜遭废，天下之所共知，何久穷居默处，无一言以自辨”，“不欲使声问踪迹一至于人间”，另一方面，他又确实在不停地做着“自辨”的工作。在自认为遭受莫白之冤后，他首先想到好友欧阳修，在那封写给欧阳修的信中，苏舜钦处处替自己的行为辩解，甚至有些强为之辞的意味。他的离京南下，很大程度上也与自己的偏执性格有关，也与他没有正确认识自己的过失有关。理想和现实的巨大反差，给他的心灵造成巨大的缺失感。正是这种被世所遗的心态，使他在离开京城的日子里，心灵上的紧张并没有得到真正释放，这样的心态伴随着他生命中的最后几年，他的壮年早夭，或多或少与他的这种心态有关。

* * *　　* * *　　* * *

作为一个立志成为政治家的青年官员，苏舜钦是不成功的，他败在一个常人看起来微不足道的细节上。仁宗朝的文人意气风发，“出位议政”成为当时最时髦的事情，但这是与中国古代政治伦理相悖的，最高统治层的暴力矫正行为迟早要发生，而苏舜钦恰巧撞在了枪口上。既得利益者这种暴力调整的结果，虽然不可能使中国文人的淑世情怀释然冰解，但确实对权力中心之外文人的政治热情泼了一头冷水。“直回天地入悲吟”，是经此调整后文人心态的真实写照。值得注意的是，“进奏院风波”主角苏舜钦的“悲吟”，并不是中国传统行吟精神的回归，而是开放后的封闭，奔涌后的壅塞,舒展后的束缚。因此,苏舜钦被贬斥后的“悲吟”倾注了更多的精神内涵,体现出不同于前代文人的理性与忧郁,不了解他此刻的心理特点,是没有办法读懂他那些美丽而忧郁的文字的。不过如果单纯从一个文人的角度来看,苏舜钦却并不遗憾,他成就了一段北宋文人的传奇,那些傲啸苏州沧浪亭的日子,不仅为后世留下不朽的诗篇,也为苏州人民留下一座浸润着厚重文化积淀的美丽园林——沧浪亭。苏舜钦用了四万钱买下了沧浪亭,这个价钱是非常便宜的,大概相当于普通馆职人员几个月的薪水。欧阳修非常艳羡他拥有的沧浪亭,为此他专门写诗道:“清风明月本无价,可惜只卖四万钱。”(《沧浪亭》)

不过,“清风明月”也罢,便宜的房价也罢,这些都不是苏舜钦所真正想要的。

欧阳修：幸福的文学青年

欧阳修的一生，并不是一湾能让我们一眼就看到底的清水，他更像一条自山谷中奔流而出的小溪，既有欢快的浪花，也有深沉的石潭；既有山石之间的嘈嘈切切，也有坚冰之下的冷涩凝绝。相比波澜壮阔的长江大河，我更喜欢小溪流在汇入江河前那些快乐而不乏激情的时光；相比颓然坐在醉翁亭前的文章太守欧阳修，我更欣赏意气风发、心系天下的文学青年欧阳修。探寻欧阳修那最值得记忆和珍藏的青年时代，就得从洛阳开始。

细数北宋中期文坛上最值得关注的事件，当属欧阳修的崛起。“庆历新政”期间，他凭借自己的士林声誉和文学创作实绩，成为北宋中期文坛事实上的主盟人，由于东京文化圈特殊的放大效应，他在北宋的文坛地位得以确立。此时不过三十多岁的他，已经完成了由文学青年到大宋文人的角色转换。他一生勤于著述，散文创作更是代表了北宋的巅峰水平，不过，欧阳修的文学创造力在宋仁宗庆历六年（1046）的愁苦之中达到了极致，这一年，刚届不惑之年的他写了一系列散文佳作，其中包括著名的《醉翁亭记》。此后，他的文风逐渐成熟，仕途也逐渐走向辉煌，在北宋政坛和文坛上开始发挥更大的作用，可是却再也无法超越庆历六年他自己所标定的高度。近年来，坊间出现了不少欧阳修的传记，央视也推出过康震先生的欧阳修专题讲座，这些传记、讲座近乎完整和完美地展现了欧阳修的一生，留给我置喙的余地的确不大。在此不再对他的宦海浮沉做全方位的讲解，而只是对其幸福的青年时代做一次简单的考察，了解作为文学青年的欧阳修，是怎样破茧化蝶、实现自己的“文人梦”的。

曾是洛阳花下客

往事如酒，当欧阳修回首自己的过去时，总有一段风景会让他流连忘返；如果命运再给他一千次重新选择的机会，即使生命中确实有过许多更加辉煌的时刻，但他一定会一千次地选择宋仁宗天圣九年（1031），选择洛阳，选择那些花儿一样盛开的幸福时光。

洛阳是欧阳修步入仕途的第一站。他天圣六年（1028）底进京，次年三月参加了国子监的考试，名列榜首，被补为广文馆生；秋天里参加国子监解试，再次名列第一；天圣八年（1030）正月，参加由晏殊等人知贡举的礼部考试，又取得第一名的好成绩。在接下来的殿试中，宋仁宗钦点了 19 岁的北方少年王拱寿做状元，欧阳修以第十三名的成绩金榜题名。这短短一两年是欧阳修命运大转折的时期，可以说真正实现了“朝为放牛郎，暮登天子堂”的宋代读书人梦想。在他考中省元时，京城里开始到处传阅他的考场作文，不少书贩子大量非法“盗版”摹印，以至于短时间内供大于求，满大街上都有人高声叫卖“两文来买欧阳省元赋”。这段时间里，欧阳修不仅与石介、田况、王素、蔡襄、孙甫、唐介等一大批后来的北宋名臣一起，荣登天圣八年的“龙虎榜”，还结识了穆修、尹洙、苏舜钦等文学史上赫赫有名的人物，此时展现在欧阳修面前的是一条铺满阳光和鲜花的大路。宋代重文，特别是到了真宗、仁宗之际，通过进士考试而跨入仕途的文人，拥有很高的社会地位。欧阳修的境遇代表着大宋帝国文人最典型的成功人生之路，中进士后没几个月，他就被授予"西京留守推官"的职务，正式步入仕途。

北宋时期的所谓西京，即洛阳。欧阳修在洛阳究竟过的是怎样一种生活呢？此时的青年欧阳修就像一颗文学种子，已经获得了阳光和雨露，而天圣、明道年间的西京洛阳，恰恰是这颗种子生长发芽最适宜的土壤。他在这里结识了对自己文学生命影响极大的几个友人，后来在给徐无党的一首诗中写道：

> 我昔初官便伊洛，当时意气尤骄矜。
> 主人乐士喜文学，幕府最盛多交朋。
>
> ——《送徐生之渑池》，《欧阳修全集》卷五

一大帮文学青年相聚在一起，大家志趣相投，砥砺学术，澡雪精神，更加上诗酒风流、少年轻狂，充分领受着文学创作带给他们的快乐，过的可谓是古代文人最理想的人生。"余本浪漫者，兹亦漫为官"，更为难得的是，这一大批青年才俊恰巧有一个能够理解他们、支持他们的上司——时判河南府的钱惟演。钱惟演作为前朝重臣，长期在地方为官，政治上虽然无所作为，但是却"尤喜奖励后进"，他对北宋文化最大的贡献是为青年文人提供了一个良好的文学活动平台。说实话我并不太喜欢这位钱公，他早年的官场投

机也曾遭到宋人的非议。但对欧阳修们来说，这位西昆派的老诗人确实是位好领导。欧阳修在洛期间，经历了三位顶头上司，分别是钱惟演、王曙、王曾。三人秉性喜好各不相同。虽然王曙是将他推向政治中心的引路人，但即使没有王曙的推荐，像欧阳修这样进士出身的青年才俊，多半也不会在地方官的职位上呆得太久。而如果没有钱惟演的鼓励与支持，欧阳修的文学之路，恐怕不一定会如此顺畅。钱惟演是天圣、明道之际西昆派硕果仅存的文坛巨擘，虽然历史上对他的人品或有议论，但他就像一个称职的园丁一样，让欧阳修、梅尧臣等文学奇才，在他的浇灌下获得更为茁壮的生长。钱惟演自己虽终身没有走到帝国政权的最核心地带——他始终没有当上宰相，但却不经意间成为这一时期大宋文学的教主。钱惟演经常组织文学沙龙活动，为属下们提供一个交流的平台，有时候他还会给属下出一点“命题作文”，尽力营造一个郁郁乎文哉的风气。尤为难得的是，钱惟演还在生活上关心照顾这群文学青年，为他们的文学创作提供最优越的条件。北宋人邵伯温记载了这样一件事：

> 谢希深、欧阳永叔官洛阳时，同游嵩山。自颍阳归，暮抵龙门香山，雪作。登石楼望都城，各有所怀。忽于烟霭中有策马渡伊水来者，既至，乃钱相遣厨传歌妓至。吏传公言曰：“山行良劳，当少留龙门赏雪。府事简，无遽归也。”钱相遇诸公之厚类此。后钱相谪汉东，诸公送别至彭婆镇，钱相置酒作长短句，俾妓歌之，甚悲。钱相泣下，诸公皆泣下。
>
> ——《邵氏闻见录》卷八

据考证，欧阳修他们此次嵩山之游时值九月中旬，不大可能会有“赏雪”之事，但宋人却宁肯相信此事的真实性。南宋朱熹《宋名臣言行录》、洪迈《容斋随笔》、祝穆《古今事文类聚》，都转述了这个传说，至少说明这个故事有很强的传播力，即使九月难得会出现大雪纷飞的景象，故事的内核也极有可能是真实的，反映了后世文人对当时洛阳文学生态环境的钦羡之情，也反映了人们记忆中理想的上下级关系。

另外，就在洛阳期间，欧阳修完成了他人生中的第一次婚姻。新婚妻子是他仕途领路人胥偃的女儿，虽然新婚不到两年，十七岁的胥氏就因病去世，但欧阳修这段不长的婚姻生活是十分幸福的，他曾写了一首《南歌子》词，其词曰：

> 凤髻金泥带，龙纹玉掌梳。走来窗下笑相扶，爱道：“画眉深浅入时无？”　　弄笔偎人久，描花试手初。等闲妨了绣功夫，笑问：“双鸳鸯字怎生书？”
>
> ——《南歌子》，《欧阳修全集》卷一百三十三

词中描写了琴瑟相谐的夫妻生活，未脱少女稚气与活泼的胥氏形象跃然纸上，如果没有真实的生活基础，没有对生活的一片热爱之情，怎能写出这样的绝妙好辞？幸福感是人们对自身存在与发展状况的一种积极的心理体验，在相当长的一段时间里，这种感觉总是和特定的时期联系到一起，而且在与之相联系的时期消逝以后，这种幸福感会不断地被追忆、塑造而臻于完美。“曾是洛阳

花下客”,爱情、事业、工作、朋友,以及一个可以预期的美好未来,此时身在洛阳的欧阳修有什么理由不感到幸福呢?

欧阳修在自己后来的诗文中,多次追忆起洛阳这个美丽的城市。综合他自己的叙述和宋人笔记材料,我们发现他在洛阳的生活非常惬意,属于一生中幸福指数最高的几年。这种逾久弥香的幸福感,甚至成为他几年后被贬偏远之地的强大精神支撑。让我们读读他那首写于宋仁宗景祐四年(1037)早春的《戏答元珍》:

> 春风疑不到天涯,山城二月未见花。
> 残雪压枝犹有橘,冻雷惊笋欲抽芽。
> 夜闻归雁生乡思,病入新年感物华。
> 曾是洛阳花下客,野芳虽晚不须嗟。
>
> ——《欧阳修全集》卷十一

写此诗的时候,欧阳修已经遭到人生第一次沉重打击,从京城繁华之都被贬到偏远的夷陵(在今湖北宜昌)。政治上遭受挫折的日子不会快乐,特别是对刚入仕途的青年欧阳修来说,人生境遇上的巨大变故总会让人有几分落寞。但人往往越在困难时期,就越容易产生对美好事物的回忆或向往。入仕之初在洛阳的那些幸福经历,可以让远在天涯的迁客,每念及此,心灵又多了几分慰藉。

裁书数幅责司谏

景祐元年(1034)六月,欧阳修在王曙的推荐下,进京担任馆职,当时官衔是“宣德郎、试大理评事兼监察御史、充镇南军节度使掌书记、馆阁校勘”,一大串难记的称号,实际上真正的工作就是“馆阁校勘”,这在当时是初入仕文官梦寐以求的职位。宋代文人一入馆阁,其政治前途之辉煌是可以预期的,但摆在此时欧阳修面前有两条路,一条就是像他的文学前辈晏殊那样,歌颂太平,诗酒风流,做一位循规蹈矩的官僚,富贵荣华是不难得到的;另一条路就是不满足太平之世一文人的生活,而要在政治上有所作为,做大宋君主最有效率的合作者——这条路注定布满荆棘。

欧阳修选择的是第二条人生之路。在京城的工作经历,是他政治生命的第一个辉煌阶段,他在这里基本完成了由传统文人向北宋文官的转变,同时也迎来了自己人生中第一场狂风暴雨。景祐三年(1036)五月,时任权知开封府的范仲淹与宰相吕夷简发生了严重冲突,范仲淹向朝廷上了《百官图》,揭露吕夷简在官员提拔上存在结党营私的问题。范、吕二人一个首都长官,一个当朝宰相,一下子水火不相容起来,朝中大臣夹在中间无所适从,到底是吕夷简徇私舞弊还是范仲淹中伤宰相，得尽快有个结论。范仲淹的控诉是不是合理，吕夷简是不是真的拿着朝廷的编制私相授受，这些千年前的是是非非当时就整不清楚，我们现在最好也不要试着充当法官，问题的解决其实很简单，那就是皇帝宋仁宗怎么看。宋仁宗一贯不喜欢小范，这个犟书生说话太直，十分不中听，而且隐隐约约听说此人当年曾反对自己当皇帝，无论真假，着实可恨；而老吕比较听话，有大臣之体、长者风范。考量下来，宋仁宗还是决定采取挺吕的立场，罢掉范仲淹首都代市长的职务，把他赶出京城。

当时的舆论站在范仲淹这一方，那个吕夷简其实也不是什么坏蛋，当年他在刘太后垂帘听政时周旋于皇帝与太后之间，所作所为也颇得士林好感，但这次他却赢了官司输了名声，挺范派当然不敢攻击皇帝，他们从此就痛恨上了吕夷简。范、吕之争后，范仲淹的社会支持率迅速提高，“天下人识与不识，均以为贤”。范仲淹的被贬在朝廷上引起轩然大波，朝廷发布严令，不允许官员们再讨论此事，当然更不允许替范仲淹说情。有个集贤校理叫余靖的，无视政府的“封口令”，依然站出来为范仲淹辩护。余靖对仁宗说：“陛下自专政以来，三逐言事者，恐非太平之政也。”当时宋仁宗刚亲政不久，刘太后十多年的垂帘听政给他心理留下了巨大的阴影，他最恨别人拿“亲政”说事儿，于是分分钟余靖就被贬官，连收拾行李的时间都不给留。欧阳修和范仲淹共同的好友尹洙义愤填膺，他说余靖和范仲淹关系非常普通，都能因为替范仲淹鸣不平而被贬，自己作为范仲淹的知己好友更不应该沉默。于是他主动上书当局，要求同贬。吕夷简看了这封自请贬斥的上书非常生气，尹洙的要求立刻得到满足。

这个时候一个叫高若讷的谏官浮出历史。从史料记载来看，这位高谏官虽然风节不高，总体倾向懦弱、保守，但说起来确实不是什么奸臣。谏官属于言官之列，对当下的政治事件是有发言权的。虽说当时范仲淹获得不少同情，但毕竟也有人持不同意见，比如政坛耆老、当时也在宰相位子上的王曾，就批评范仲淹行事过火，有“择利”之嫌。谏官高若讷也不认同范仲淹攻击当朝宰相的做法，但他还是保持一定的克制，并没有向朝廷正式表达自己的意见以求加重对范仲淹的处罚，那才是真正的落井下石。高谏官只不过在一个非正式场合谈了自己对范吕之争的看法，表达了对范仲淹等人疑似朋党行为的不满。高若讷当然有权利这么做，发表一下自己的观点，不一定就是趋炎附势的“宰相党人”，不过年轻气盛的欧阳修可不这么想。范仲淹、余靖、尹洙相继被贬，欧阳修的一腔怒火正无处发泄，恰好高若讷撞到了他的枪口上，他用极其刻薄的语言给高若讷写了一封《与高司谏书》，在信中痛骂了高若讷。不仅如此，他还在信的结尾发出挑衅：“愿足下直携此书于朝，使正予罪而诛之。”士可杀不可辱，高若讷被欧阳修骂得体无完肤、恼羞成怒，还真的就把欧阳修的书信上交给朝廷，请皇帝给评评理。

其实正如两个小孩子打架，胜负乃是平常之事，如果打不过、受了委屈就告家长，这种做法在小孩界是颇受鄙视的。大人之间其实也是这个理儿，就算受了委屈，那文人的事情应该在文人之间解决，动不动就告官的确不是君子所为。不管怎么说吧，高若讷还真是去告了“家长”，“家长”很生气，后果很严重，欧阳修终于有机会追随他的偶像和好友——他被剥夺馆职、赶出京城，贬到偏远的夷陵当县官去了。欧阳修十分坦然地接受这一结果，这和他在庆历五年(1045)也因替范仲淹等人鸣不平而遭到政敌打击后的心态，是完全不同的，因为就算有罪，他这次被贬也算得上是“公罪”，不像后来那次不明不白。欧阳修对自己在此次事件中的表现十分满意，他给尹洙写了一封信，忍不住自我表扬一下：

> 五六十年来，天生此辈，沉默畏慎，布在世间，相师成风。忽见吾辈作此事，下至灶间老婢，亦相惊怪，交口议之。
>
> ——《与尹师鲁第一书》，《欧阳修全集》卷六十九

字里行间看得出他对自己所做所为颇为自得，而且还在信中鼓励尹洙，不能像唐朝的韩愈那样，义正言辞地“一封朝奏九重天”，结果很快被“夕贬潮阳路八千”吓破了胆，到了潮州就给当局写信悔过。我们一定要坚持自己的立场，不要向当权者写摇尾乞怜的悔过文章。上文提到的那首《戏答元珍》，就反映了夷陵时期欧阳修的精神状态。

欧阳修为什么会放着大好的前程不顾，采取这样绝决的举动自领贬谪呢？这首先与他的政治伦理观念有关。他曾经说过“士不忘身不为忠，言不逆耳不为谏”，他之所以比晏殊们更能代表当时文人政治的发展方向，是因为他们发扬和发展了传统的谏诤美德，完成了古代文人向近世文人的转型，为文人价值的重新定位和

新文人政治伦理构建，作出了重要的贡献。另外，这也与欧阳修的高度人格自负有关。初仕几年，顺风顺水，又多与文人往还，既培养了性格中的浪漫成分，也强化了自我期许。北宋中期正是一个“狂者进取”的时代，欧阳修不甘心做默默无闻之辈，他需要尽快发出时代的强音。余靖、尹洙和欧阳修三人虽同是被贬，但他们领取这一“惩罚”的方式各不相同。一个是以公议自诩，无视禁令非议朝廷已经做出的决策；一个则采用更具有讽刺意味的文人特有方式，主动申领贬谪，借以向当局发出抗议。欧阳修采取了和余、尹二人不同的做法，不再寄希望于最高层的良心发现，而是把利剑一样的文字刺向士人群体内部，与不认同自己价值观的人进行面对面的战斗。这显然与他此期的轻狂有很大关系，历来研究者都关注到欧阳修此时举动的合理性，实际上这种举动对士风的影响并不是单向度的，欧阳修晚年自编的文集中，并没有选这篇著名的《与高司谏书》，其实是一件值得关注和深思的事情。

庐陵事业起夷陵

夷陵，即现在的湖北宜昌，在北宋时算得上是偏远之地，但就是这样一个“寂寞少嘉客”的小“山城”，却成为欧阳修事业飞腾的灵山宝地。清代袁枚曾在《随园诗话》中记下友人劝慰他的诗句“庐陵事业起夷陵，眼界原从阅历增”，可见后人对欧阳修“夷陵之贬”的重要意义，认识得还是比较精准的。

欧阳修在景祐三年（1036）五月十六日写了那封著名的《与高司谏书》，五天之后的二十一日，贬为夷陵县令的命令就发表了，这在拖拉成风的封建官僚体制下，算是少见的高效率了。御史台的官吏对他百般刁难，命令一发布就催促他出京，越快越好。他二十三日夜里还与蔡襄、胡宿、范镇等志同道合的僚友在王拱辰家饮酒话别，第二天一大早就不得不登舟待发，做出马上要走的样子给官方看。因别情悠长，欧阳修与僚友又痛饮了三、四天，直到二十八日，载着他的小船才慢悠悠地离开了东京汴梁，开始了五千余里的漂泊。当年的九月二十六日，欧阳修才到达夷陵，路上竟然一共用了四个多月，平均每天还走不上五十里，这个数字远远低于当时公务旅行的法律规定。

欧阳修把这四个多月的旅行时光用文字凝聚在一本笔记中，这本笔记叫作《于役志》，在中国山水文学史上也留有一席之地。根据里面记录的行程安排，我们发现他虽然遭到朝廷的严厉处分，但是似乎并不以之为怀，一路上游山玩水、不亦乐乎，看起来更像在进行一次轻松的观光访友旅游。关于这一点，我们把他与宋初的王禹偁做一下比较，就会发现二人深刻的不同。这种不同主要在于士风背景的不同。王禹偁第一次被贬，虽然并没有因此改变自己的处世原则，但他确实一出京城，就开始不停地追忆自己曾拥有的荣耀，然后满腹哀怨地发出“何时重到此，驻马泪浪浪”的悲叹，这种悲伤的情感一直伴着他在贬谪地商州度日如年的日子。而在四十多年后的欧阳修身上，我们却很难看到这种被贬斥的哀怨。如果说王禹偁身上还带着古典文人的影子，那么欧阳修已完全是大宋文人的做派了，对待贬谪的态度可以让我们发现这两种类型文人间的区别。

欧阳修的小船从汴梁出发，行驶了三天到达南京。这个南京可不是现在的南京金陵，而是河南商丘，因是赵匡胤的龙兴之地，这个城市在宋代地位颇高，是北宋的三大别都之一。时任南京留守推官的是老朋友石介，这也是一个特立独行的文人，与欧阳修是同榜进士。石介为欧阳修在河边的亭子里设下酒宴，这一天欧阳修略有微恙没怎么喝，但是石介他们都喝得大醉。特别值得一提的是，六月十二日舟行至楚州时，欧阳修见到了因同一事件先行被贬至此地的余靖，还有另外一大堆老朋友，他们聚到一起饮酒作诗，竟然在楚州盘桓了十七天。也正是在这里，他与余靖互相勉励，相约坚决不向当局低头，不在到达贬所后向执政作摇尾乞怜的文字，欧阳修在给尹洙的书信中也强调了这层意思。到了八月十二日，他来到了当年白居易“浔阳江头夜送客，枫叶荻花秋瑟瑟”的江州，到达的时间也恰好是中秋之季。他因身体不好请了医生上船来看病，所以本来与朋友约好同游庐山却没有成行，只是在江州就近游览了琵琶亭，并写了一首很值得况味的《琵琶亭》诗：

> 乐天曾谪此江边，已叹天涯涕泫然。
> 今日始知予罪大，夷陵此去更三千。
>
> ——《欧阳修全集》卷五十六

已经离京两个半月，走了两千多里路，欧阳修才按“惯例”有了一点点迁客之叹，一颗飞扬的心才开始慢慢沉静下来，逐渐回到自己应面对的现实政治中去。他在给老朋友尹洙的信中说：“昨日因转运作庭趋，始觉身是县令矣。”意思是按照官场的礼节去拜谒了顶头上司后，他才想起自己应该承担的角色——一县之长。随着小船离贬所越来越近，诗酒风流的快活也越来越远，欧阳修渐渐意识到自己被贬斥的身份和身上的担子。

欧阳修初入仕途就遭遇被贬五千里的命运，这要是放在他以前时代的文人身上，是一件很悲惨的事情。但通过阅读他这段时间创作的文学作品，发现他基本上没有改变幸福、乐观的心态。这种心态的产生有个人性格因素，也有历史的积累因素。他对自己的未来充满自信，坦然接受天将降大任于斯人的磨难，在逆境中维护自己的人格尊严。范仲淹年长于欧阳修，是欧阳修十分尊敬的士人典型，二人之间的交往是建立在相互价值认同的基础上，并无权力分享的诉求。经过这次贬斥，欧阳修与范仲淹的命运紧密地联系到一起，虽然欧阳修后来拒绝了范仲淹的推荐，但从此他们的命运有一定的相关性却是不争之事实，而且他后来的仕途确实很大程度上得益于自己的“挺范”立场。我不同意朋党的说法，但是志趣相投的人，还是可能凝聚成一个事实上的政治集团。范仲淹出现在仁宗早年政坛上，用自己高尚的言行为士人描绘出新的文人政治伦理图景，欧阳修很早就受到范仲淹砥砺士风的影响，他对范仲淹的认同是超越官场利益的。为此，他甚至不惜与自己仕途的领路人、岳父胥偃发生严重的矛盾。不同的政治理念、不同的人生追求，使他们在这期间分道扬镳了，胥偃甚至到死都没有原谅欧阳修这种传统文人眼中的“背恩”行为。

夷陵之贬不仅标定了欧阳修今后的政治发展路向，也极大地开拓了他的眼界，使他的文学创作发生很大的变化。如果说洛阳时期的欧阳修只是一个幸福而轻狂的文学青年，那么经过夷陵这几年的磨练与沉淀，他的作品少了许多浮华的表象，增添了不少对社会、对生命更加深刻的思考。我们比较下面这两首分别创作于两个时期的作品。

宋仁宗明道元年（1032），洛阳的一场大雨过后，欧阳修独自出游，写了一首诗：

北阙望南山，名岚杂紫烟。

归云向松岭，残雨过伊川。
树绕芳堤外，桥横落照前。
依依半荒苑，行处独闻蝉。

——《雨后独行洛北》，《欧阳修全集》卷十

从诗意来看，写的应该是夏秋之际的情景。诗歌意境比较平淡，虽然颇见作者的文字功力，但过分强调炼字，有着明显的模仿痕迹，缺乏一种诗歌审美张力。创作手法多秉承晚唐体遗风，在诗艺上没有更多值得称道的内容。诗歌选择的意象大多为比较纤弱、寂寥之物，整体格局也比较局促。这首诗是诗人在独处的时刻创作的，不同于一般的诗酒应酬，应该最能体现作者内心真实的自我，但全诗缺乏意蕴，反映作者的心境也比较模糊。

下面是一首他五年后创作于夷陵的诗：

日暖东山去，松门数里斜。
山林隐者趣，钟鼓梵王家。
地僻迟春节，风晴变物华。
云光渐容与，鸟哢已交加。
冰下泉初动，烟中茗未芽。
自怜多病客，来探欲开花。

——《初晴独游东山寺五言六韵》，《欧阳修全集》卷十一

虽然此二诗一律一古，但还是不难发现它们在创作精神上的

一脉相承，在写作结构上也有不少相似之处，如都是在前两联铺垫一个抒情空间，然后进行具体景物的描写，在具体意象的选择上也有共同之处。不过就这两首诗的艺术审美价值而言，它们明显不在同一个层次。后者固然不是欧阳修诗歌中的一流作品，但和前者相比，诗境更加开朗阔大，意脉更加圆润流畅，极具诗歌审美张力。此诗前四句为了切题，写出山寺的特点，炼字痕迹比较明显，尚有晚唐之遗风，可看出欧阳修诗艺的家数。可是从第五句开始，诗格大变，他用一支生花妙笔，写出了大自然在新旧交替时的细微变化，由"渐"而"已"，水到渠成，体现了节气变换之自然流畅。七、八句采用同样的方法，所选景物由远及近，由实入虚，由有入无，有声音有形态，体现了天地大道之行的伟大规律，描绘了生命运动的壮美。万物必发而未发之际，最具生命张力，由生命张力而构成的诗歌语言张力，使阅读者无形中感到扑面而来的天地之大美。特别是诗歌的最后两句，抒情主人公的形象，也完全不同于洛阳那个敏感而又有些迷茫的文学青年，一个感悟生命、热爱生命的诗人形象呼之欲出。

如果说从洛阳时期的创作上，我们还能找到欧阳修身上所具有的古典文人表征，那么身在夷陵的欧阳修，则更具大宋王朝新文人的形象特点了。洛阳时期的欧阳修还只是一个幸福而简单的文学青年，但经过"夷陵之贬"的人生重大变故，他关心民生，潜心治学，与同道书信往来，互相鼓励，进一步提升自己的人格力量，终于在这短短的几年里，完成了自己的蚕蛹化蝶之旅，为将来在历史上发挥更重要的作用，做好了政治上和文学上的准备。当数年后欧阳修再次走进东京汴梁时，历史为他提供了一个更为宽广的表演舞台——北宋著名的“庆历新政”开始逐步实施了。

***　***　***

当所有的革新努力都是徒劳，大宋帝国执拗地沿着它的宿命运转下去；当所有的梦想都化为泡影，庆历诸贤被一个个地赶出帝国权力的核心；当自己作为士人的尊严被无耻的诬告所污辱、践踏时，欧阳修幸福的青年时代结束了，他一夜之间苍老了，须发斑白、精神颓然地坐在一个叫“醉翁亭”的地方，守望着自己刚刚逝去的那些幸福的日子。纵观整个北宋文人心态史，它那幸福而短暂的童年时代也大体结束于这一个时期——欧阳修和那座孤独的亭子，就静立在这微妙而遗憾的历史时刻。

王安石：“拗相公”和他的三个朋友

孔子曰:“益者三友,损者三友。友直,友谅,友多闻,益矣。友便辟,友善柔,友便佞,损矣。”北宋著名政治家、名列唐宋八大家之一的王安石,也曾经有着自己的朋友圈子。宋人喜欢把北宋新旧党争、乃至北宋灭亡的责任都算到王安石头上,这显然不公平,但作为一个政治家,王安石的确算不上成功。宋代精英文人注重网络化生存,朋友能拉近彼此的距离,会让一颗孤独的心感到温暖。作为大宋文人杰出代表的王安石,是否有着自己的“益者三友”?还是像宋人断定的那样,“损友”更多一些?让我们一起来看看王安石的交友之道吧。

北宋仁宗庆历二年(1042),二十二岁的江西考生王安石高中进士,著名文人、同样是来自江西的晏殊当时正担任着枢密使的职务。晏殊非常看重王安石这个小老乡,在新科进士们上门拜谒时,专门留下了王安石,对他赞叹鼓励了一番,并邀请他吃饭。后来晏殊还指着自己的座位对他说,老乡啊,好好加油,你将来官位一定会和我一样的!但是我有两句话,请你一定要记住,这两句话是"能容于物,物亦容矣"。这八个字意思很简单,你对朋友要宽容,那朋友也会对你宽容的。以宰执之尊、乡贤之亲,教诲新科进士的不过是这么两句小学生都懂的话,这让年轻气盛的王安石很不以为然,甚至觉得晏殊有点碎碎念——当时他对晏殊的评价是"何其卑也"。后来一如晏殊预测的那样,王安石的确当了宰相,但昔日的好友却一个个弃他而去。尝遍人间冷暖的王安石晚年退居钟山,再次想起了晏殊当年的赠言,那真是金玉良言、金石之药啊!他对自己的老弟说:"平生交友,人人与之为敌,不能保其终。今日思之,不知晏公何以知之?"其实不仅晏殊知道王安石的性格缺陷,王安石的"不容"已经成了众所周知的秘密,司马光就说王安石其他方面还不错,"但执拗耳";《警世通言》中,也有一篇《拗相公饮恨半山堂》。

饮恨半山堂的王安石万念俱灰、一心向佛,昔日的朋友早已渐行渐远,但总有三个身影时不时地出现在他的脑海中。这是怎样的三个朋友呢?

“临风想望”欧阳修

王安石曾经是欧阳修最为看重的文学奇才，在没有遇到苏轼之前，欧阳修甚至想把文坛主盟人的重任交给王安石。从庆历四年（1044）曾巩向欧阳修推荐王安石，到嘉祐元年（1056）二人互相赠诗，已有 13 个年头了。欧阳修与他真正会面虽然比较晚，但二人互相钦慕已久，情感基础是深厚的。王安石曾多次辞去馆职，不图虚荣，获得朝野上下的一片叫好声。至和元年（1054）九月，朝廷任他为“群牧判官”的命令发表，但他还是坚决辞职不干，搞得朝廷很尴尬，结果最后还是欧阳修出言劝说，他才走马上任。嘉祐元年（1056），欧阳修已经五十岁了，虽然历尽沧桑，但其政治、学术地位都渐趋顶峰。这一年，他在给朝廷上的《再论水灾疏》一文中，对曾多次褒扬过的王安石，又一次不遗余力地夸赞：“（安石）学问文章，知名当世，守道不苟，自重其身，论议通明，兼有时才之用，所谓无施不可者。”此时的欧阳修德高望重，虽说乐于奖拔后进，但还很少对一个青年官员有这么高的评价，可见他对王安石的欣赏与看重。

而且，此公还满怀欣喜之情赠了王安石一首诗：

翰林风月三千首,吏部文章二百年。
老去自怜心尚在,后来谁与子争先?
朱门歌舞争新态,绿绮尘埃试拂弦。
常恨闻名不相识,相逢樽酒盍留连。

——《赠王介甫》,《欧阳修全集》卷五十七

作为北宋文人之一世龙门的欧阳修,如此夸赞后辈的写作水平,甚至以李白、韩愈相期,这是对王安石最好的宣传与包装。欧公的门下士的确不少,但还没有一个人得到他这样的青睐,我想,当时一定引起开封不少文学青年的羡慕、嫉妒和恨吧!但王安石是怎么回应欧阳修的一片好意的呢?他写了一首答诗《奉酬永叔见赠》:

欲传道义心虽壮,强学文章力已穷。
他日若能窥孟子,终身何敢望韩公?
抠衣最出诸生后,倒屣常倾广座中。
只恐虚名因此得,嘉篇为贶岂宜蒙!

——《王荆文公诗笺注》卷三三

王安石这首答诗的意思很清楚,韩愈是大文豪,我资质愚钝肯定做不了明星文人,干脆还是老老实实读读圣贤之书,学习学习孟子就好了。除去这首答诗的客套部分,其中最重要的两句就是“他日若能窥孟子,终身何敢望韩公”,这是对文坛盟主欧阳修最直接

的拒绝:对不起啊大哥,我想做的是直挂云帆济沧海的事情,而不是想做什么文坛盟主。后人认为王安石实际上在诗中讥讽欧阳修,因为大家通常认为孟子地位比韩愈高多了,取法乎上得乎中,可你欧阳盟主只许给我一个韩愈的目标,也太小看我王安石的本事了。

实际上这是一个误会。在欧阳修、王安石时代文人的心目中,韩愈才是一个超级大V,孟子当时的地位并不高,他越来越得到世人的尊敬,甚至终于被请到孔庙配享孔子,那都是北宋中期以后的事情,而在欧阳修和王安石诗歌往还的这段时间,韩愈的粉丝的确比孟子多多了。因此王安石并没有借孟子、韩愈之比,来瞧不起欧阳修,他写给欧阳修的一封书信,更是明白无误地表达了自己的心声:

> 过蒙奖引,追赐诗书,言高旨远,足以为学者师法。惟褒被过分,非先进大人所宜施于后进之不肖,岂所谓诱之欲其至于是乎!虽然,惧终不能以上副也。辄勉强所乏,以酬圣德之贶,非敢言诗也。
>
> ——《上欧阳永叔书二》,《临川集》卷七十四

欧阳修和王安石之间的这次诗歌往还,曾经引起宋人的热烈讨论,认为王安石不识抬举的意见占了主流。我们通过认真分析,可以确定事实并非如此,不过,王安石语气中多多少少有点欧公非知我者的意味。文学盟主本来就是个虚职,既用不着朝廷任命,也

没有人发薪水，授受之间不宜说得太明白，高手过招，就那么蜻蜓点水般的几下子，互相之间的路数就摸清了。王安石有远大抱负，其志向的确不是做一个太平之世的文人，嘉祐时期的北宋虽然表面上风平浪静，其实自庆历开始就逐渐形成的各种社会问题，已经渐成积重难返之势，王安石对此是有着一番体察的。已经成为帝国成熟官僚、以重建斯文秩序为己任的欧阳修，的确不能理解王安石的志向，他更多是对王安石文采的欣赏，急切地想把王安石拉到自己构建的精英文人集团中来。

强扭的瓜不甜、上赶着不是买卖，人各有志，欧阳修眼见王安石不肯接班做盟主，也只好另寻他人。好在嘉祐二年他就发现了苏轼这个人才，一桩心事才算落了地。嘉祐二年王安石出知常州，欧阳修为他饯行，北宋另一著名诗人梅尧臣也参加了，并有《送介甫知毗陵》一诗。王安石虽然离开了东京精英文化圈，但他在地方上还是通过书信与京城文人保持着密切联系，他著名的《上仁宗皇帝言事书》写于嘉祐三年，《上欧阳永叔三书》、《与刘原父书》也是写于这段时期。嘉祐四年，王安石又回到京城任职，这一年，他引领了京城文人圈中著名的《明妃曲》唱和活动。王安石《明妃曲》中的名句“君不见咫尺长门闭阿娇，人生失意无南北”，让京城文人咏叹再三，纷纷写诗唱和，欧阳修更是对他的《明妃曲》赞不绝口，居然专门为之写了两首和诗。

虽然王安石表明自己不愿意在文坛上有所作为，似乎拂了欧阳修的好意，但是欧阳修并没有因此疏远他，依然经常邀请他参加各种聚会，借机提高他的社会影响力。据粗略统计，现存的欧阳修书简中竟有十四次提到欣赏王安石的诗文、与王安石“闲话”等，“介甫”成为欧阳修书简中出现频率最高的名字，甚至超出了欧阳修的铁哥们梅尧臣。欧阳修书简中凡提到王安石的地方，都是只谈文学、不谈政治，可见欧阳修对他的价值认同，主要是落实在精英文人层面。买卖不成仁义在，就算王安石拒绝了欧阳修的衣钵托付，他们之间还是保持着一份师生情谊。当时文臣最不喜欢的就是到地方上当官，一离开朝廷就觉得“处江湖之远”，是皇帝大老板不欣赏自己了；最喜欢干的事情是到馆阁任职，实际上等同于皇帝的秘书。北宋宰相往往都有在馆阁任职的经历，看来老板总喜欢提拔自己的秘书，真是千古一理啊！欧阳修打算举荐王安石担任馆职，没想到他却拒绝了。他专门给欧阳修写了封信，大体意思是自己家口众多，京城居大不易，所以还是愿意到地方上任职，生活或许能过得稍微宽裕点。王安石离开京城到地方上任职后，欧阳修一直没有与他断了书信往来，还真有点英雄惜英雄的意思。不仅如此，欧阳修还主动向他推荐了一个自己看得上眼的年轻人吕惠卿，但事实上，后来正是这个吕惠卿，深深地伤害了王安石。

欧阳修不仅在仕途上大力推举提拔王安石，在文学上大力称扬他，就是在日常生活中也对他照顾有加。欧阳修当时是名满天下的大文豪，地方上的门生故交常常会送来些礼物，特别是少不了各地的美酒。欧阳修自己喝不完，往往要分一些给王安石。王安石拒绝了欧阳修的推荐，执意到外地做官，欧阳修感觉特别遗憾，在给王安石的信中说，自从分别后，天天挂念着他。特别是这个时候欧阳修的身体状况开始大不如从前，糖尿病比较严重，眼睛近视加重，耳朵也出现毛病了，在给王安石的信中大发牢骚，说："贤者不能留之朝，衰病者不得放去，皆失其分，归咎何所！"意思是像老弟这么正年富力强有才能的人不留在朝廷效力，而像我这样苟延残喘的人想退休却退不了，大家都不开心，这到底是谁的错啊！

一段美好的师生情谊，随着王安石主持变法而逐渐消散，这次欧阳修没有一如既往地站到王安石一边。"青苗法"作为王安石变法首推的重头戏，虽说旨在防止民间高利贷者盘剥农民，初衷是好的，但是在施行过程中不可避免地走样，这种事情，在以人治为主的君主专制社会里总是难免，看看历史大部分改革的命运就知道了。"青苗法"推行的时候，欧阳修正在青州做地方长官，他率先在自己的辖区停止施行"青苗法"，并接连向朝廷上了两封反对青苗法的报告，针对实施新法过程中产生的问题提出改良措施。虽说公然反对现行的"青苗法"，但欧阳修对事不对人，坚持的仍是庆历士人"和而不同"的传统，绝没有党派之争的意思。更何况要分党派的话，他显然和王安石算得上是同党。转过年来王安石正式拜相，他还是给王安石写了贺信，表达了自己的欣喜之情。王安石刚当上宰相不久，他就辞官退隐了，这是他一直以来的愿望，并不是因为反对王安石的新法，不愿意合作。实际上欧阳修辞职时，王安石仅仅大力推行了"青苗法"，"免役法"、"市易法"等还在酝酿中。

王安石本来希望能和欧阳修这样欣赏自己的元老重臣一起大干一场，为此他还利用自己的职权，在官职上给予欧阳修一定优待，但无奈欧阳修无意于仕途，坚持辞官退隐，这让王安石感到非常遗憾。欧阳修辅助范仲淹搞"庆历革新"的时候，王安石是一个刚踏入仕途的青年官员，他对欧阳修一片崇拜之情；得入欧阳修之门后，他更是受到欧阳修的大力提携。虽然欧阳修反对实行青苗法，但是以王安石的政治智慧，他当然看得出欧阳修所反映的情况的确是存在的，并非针对他本人。王安石当了宰相后特别希望和欧阳修合作搞改革，不仅是想借助元老的影响力，更想借助欧阳修的政治能力。可惜，他没有这个机会了：欧阳修退隐了，而且一年后就去世了。

王安石在欧阳修去世后，满怀深情地写了一篇《祭欧阳文忠公文》，其结尾这样写道：

> 呜呼，盛衰兴废之理，自古如此，而临风想望不能忘情者，念公之不可复见，而其谁与归？
>
> ——《临川集》卷八十六

“其谁与归”一语，并非普通的套话，而是王安石发自内心的叹息。他接下来的岁月明明白白印证了自己的担忧：往日的朋友一个个离开了他，使他在变法的路上备感孤独；新朋友倒是志同道合，但是恰恰给他带来更大的伤害。他不得不痛彻地认识到，那个最关心自己、最有可能帮助自己的人去了。

世上再无欧阳修，也再无欧阳修眼中的王安石了。

“游处相好”司马光

到死都让王安石恨恨不已的那个人，是他曾经的朋友司马光。

小时候就知道“司马光砸缸”这个故事，故事里那个临危不乱的小男孩司马光，几乎成了我童年的偶像，使我见到大一点的水缸，总有一种欲砸不能的冲动。上中学的时候，语文课本里有一篇《答司马谏议书》是我们的必背篇目，这是王安石对司马光质疑变法的回应，文字言简意赅、铿锵有力，司马光在我心目中的聪明小男孩形象崩塌了，取而代之的是一个守旧、顽固的封建官僚。王安石在这封信中说他与司马光“游处相好之日久”，这让我很是困惑，现在看来当然无甚不可，但上世纪八十年代改革是社会主潮，“守旧”总是被大家批评和嘲笑，改革派和守旧派在我们眼里怎么可能“游处相好”呢？

实际上王安石在这封信里并没有假惺惺地说客套话，他与司马光的确是多年的好朋友。出于目前无法确切考证的原因，嘉祐年间司马光与欧阳修的关系并不密切，但他却与王安石是莫逆之交。根据宋人徐度《却扫编》的记载，嘉祐年间，王安石、司马光、吕公著和韩维四人同在京城任职，“同在从班，特相友善。暇日多会于僧坊，往往谈燕终日，他人罕得而预。时目为‘嘉祐四友’”。“他人罕得而预”，说白了就是这四个人是“密友”关系，别人很难获得参加他们这个小型沙龙的机会。“嘉祐四友”中王安石与司马光关系尤其近乎，在仕途上两个人也是“比肩并进”：至和年间同为群牧司判官，嘉祐年间同修起居注；神宗即位后，两人又同居翰林学士之职。多年的同僚经历，相近的文人追求，使他们彼此敬重、惺惺相惜。宋神宗熙宁元年（1068）四月，王安石从地方上调回京城任翰林学士，先打发儿子王雱进京租赁合适的住处。他平日在家人跟前总是夸赞司马光，说“此人家居，事事可法”，因此让王雱找房子一定要找司马光家附近的，这样可以让自家子弟“有所观效”，有个学习的榜样。

不过，司马光和王安石二人性格中有一个共同的特点，那就是他们都比较固执，自己认准的事情，就算撞上南墙也不肯回头。虽说二人青年时代是好友，但毕竟成长经历、文化背景不同，他们的学术思想也有着深刻的差异。随着彼此政治地位的升高，他们政见上的矛盾也越来越无法调和。等到王安石推出改革措施，二人之间的矛盾终于大爆发，不仅好朋友做不成了，还引发了北宋后期惨烈的新旧党争。仔细分析王安石和司马光之间的交往过程，可以发现二人之间龃龉，最初竟然和一个普普通通的农村少女有关。

这个农家少女叫阿云，因嫌自己的未婚夫阿大长得丑，在一月黑风高之夜，竟然提刀只身前往谋杀阿大。好在阿云毕竟不是什么武林高手，最终杀人未遂，只是砍断了阿大的手指。案子很快告破，负责审理此案的是地方官许遵，他认为阿云还没有和被害人正式成亲，并且有一定的自首情节，因此这只是桩普通的凶案，算不上“谋杀亲夫”，不入“十恶”之罪，阿云可以从轻发落。但是审判结果上报到朝廷后，朝廷司法部门的意见却不一致，他们为了这个案子吵来吵去、争执不下，于是宋神宗让翰林学士司马光和王安石商量个折中意见。结果司马光主张阿云必须被严惩，而王安石则认为地方官的判决并无过错——这两个好朋友的意见也拧巴在那里。然后又有多人、多部门参与讨论，其过程之复杂，完全可以拍一部电视剧，收视率一定不会低于《大宋提刑官》。实在没有办法，宋神宗又命令翰林学士吕公著、韩维和知制诰钱公辅参与讨论。前后有五名“两制”官员参与审理一个谋杀未遂案，这种事情在中国法制史上是非常罕见的。好在吕、韩、钱三人都同意王安石的意见，少数服从多数，宋神宗亲自下令，阿云逃过一死。

阿云的案子虽然结了，但是围绕着这个案子，司马光“重刑”主张和王安石“慎刑”思想间的争论却愈演愈烈。王安石当了宰相后掌握了话语权，更是以阿云案为契机，推出一系列“慎刑”措施。说起来，“慎刑”总归是法制文明的进步，司马光的见解的确不合理，但是他绝不会承认这一点。宋神宗死后，守旧派在太皇太后高氏的支持下，把王安石推行的“慎刑”措施全部废除，阿云案也被彻底翻案。如果说阿云案风波最初还只是学术之争，司马光和王安石争执的是对错而非是非，那么越到后来这种争论的性质越发生改变，逐渐突破学术的界限，上升到人格之争、政治之争，新旧党争的雏形在这次大论战中也隐约可见。

王安石和司马光不仅在法律思想上立场不同，在朝廷的经济制度改革上，二人也有深刻的差别。王安石在执政前，有过多年当地方官的经验，他的不少改革措施，曾在他担任地方官的时候小范围试行过，因此他特别注重联系实际来看问题。而司马光对地方上的情况并不是很了解，他的不少主张来自于儒家典籍，往往听起来颇有道理，但并不一定合乎实际情况。比如，朝廷变法最直接的目的是解决政府财政问题，在这一点上王安石主张“开流”，他认为“善理财者，不加赋而国用足”，意思是可以通过适当的理财手段来充实朝廷的钱袋子，同时也不会加重老百姓的缴税负担。但是司马光却坚决反对王安石的这一看法，两个曾经的“密友”在皇帝宋神宗面前大吵起来，司马光说：

> 天下安有此理？天地所生财货百物，不在民，则在官，彼设法夺民，其害乃甚于加赋。
>
> ——《宋史》卷三百三十六

你王安石说得好听，什么“不加赋而国用足”，天底下哪有这样的道理？国家有多少钱财那总数是一定的，这个钱不在老百姓的钱袋里，就在朝廷的国库里。不管你用什么“理财”手段，如果朝廷的钱多了，那一定是从老百姓手中拿来的。这种巧取豪夺，简直比明明白白的收税还要糟糕。司马光的论辩是很有迷惑性的，猛一听上去的确有理，但仔细想想却并非如此。南宋大诗人陆游对司马光的看法就不以为然，他说，“自古财货，不在民又不在官者，何可胜数。或在权臣，或在贵戚近习，或在强藩大将，或在兼并，或在老释”，如果朝廷解决了这几个财政弊端，“守之以悠久，持之以节俭，何止不加赋而上用足哉”（《渭南文集》卷二十五）！不过宋神宗毕竟不是陆游，他还是被司马光的逻辑征服了，当场表态支持司马光的看法。

自王安石当上宰相并逐步实施新法以来，司马光一直是个铁杆反对派。两个人最初还限于国事之争，但越来越失去说服对方的耐心，以至最终分道扬镳，使所谓的“嘉祐四友”彻底成为往事。熙宁三年，王安石的改革已经进行了一年，在实施新法的过程中确实出现了不少问题，包括欧阳修在内的元老大臣，也纷纷上书指出新法的不足。王安石打算撂挑子不干了，向朝廷连续两次提出了辞职申请。当时司马光还是翰林学士，他替宋神宗写了一份回复，借机对王安石进行了严厉的批评，其中有这么几句最为伤人：“今士夫沸腾，黎民骚动，乃欲委远事任，退处便安。”按照君主专制时代的官场“潜规则”来看，这封皇帝批答是很不客气的。王安石作为当朝宰相提出辞职，不管是真心实意还是虚情假意，那都是一种让贤的高姿态。皇帝答应也好不答应也罢，总归要客气一些才符合君臣之礼。但是这封回复却直指王安石搞得天下“士夫沸腾，黎民骚动”，似乎是拿着王安石当独夫民贼一样批判。如果仅仅是一人之荣辱，尚可隐忍，但这几句话的要害并不是质疑王安石的人格，而是对“熙宁变法”事业的全盘否定，这才真正击中王安石的痛处。王安石读到这份批答后勃然大怒，他当然知道这是出自前好友司马光的手笔，于是立刻上章为自己辩白，语气十分激烈。宋神宗自知理亏，只得亲自给王安石写了道歉信，并派吕惠卿代表皇帝再三安慰王安石，总算把这次“批答”事件给安抚下去。

事情闹到到这个份上，司马光王安石二人的裂痕已经无法弥补了。但即使如此，这两位旷世奇才大概也从未想到过，北宋历时最久、最为残酷的新旧党争，竟然由他们这对昔日的密友发端。到了宋哲宗元祐时期，守旧派全面掌权，司马光众望所归地入主大政，开始全面废除王安石的变法措施。此时王安石早已退居钟山，他的门生故旧怕老爷子生气，前来拜访时从来不和他聊国事。某日有位学生刚从开封参加完考试回来，王安石忍不住向他打听打听京中新闻。这个学生说其他的倒也没有什么，只是朝廷最近有新命令，禁止大家读《字说》。《字说》是王安石最为得意的文字学著作，在他当政期间，此书更是天下考生的必读书目，可是现在竟然也被老朋友司马光给打成禁书。王安石长叹了一口气说：“法度可改，文字亦不得作乎？”意思是，我的变法措施你新宰相不喜欢，想废就废我也就不说什么了，可我老王的《字说》是和政治无关的纯学术啊，你老兄就不能网开一面、给它一条活路吗？

那个不知深浅的考生走后，王安石长吁短叹久久不能平静。当天夜里他不停地在卧室里踱来踱去，一夜未眠。第二天一早，家人发现老爷子用毛笔在屏风上写了几百个大字，凑上去仔细一看，翻来覆去写了几百遍的其实只是三个字——司马光。

“与公同心”吕惠卿

吕惠卿(1032—1011),字吉甫,王安石“熙宁变法”最得力的助手,为新法的制定和推行做出过巨大的贡献。史书上说王安石“事无大小必谋之”,新法实施的一些重要文件,甚至写给皇帝的奏章等,也大都经过吕惠卿之手。新法遭到了守旧派的强烈反对,王安石的处境非常艰难,但吕惠卿毫不动摇,依然坚决地站在王安石一边,被守旧派讥讽为王安石的“护法善神”。

实际上在获得王安石的赏识与重用之前,吕惠卿已经是北宋政坛一颗冉冉升起的新星,他在仕途上的每一步都有着当世名公大臣的褒扬和推荐。吕惠卿是嘉祐二年进士,这一年的主考官是大名鼎鼎的欧阳修,名列唐宋八大家中的曾巩、苏轼和苏辙,宋代理学的奠基人张载、程颢等人,也都出自这一榜。主考官欧阳修对吕惠卿更是青眼有加,嘉祐三年,王安石到地方上做官,欧阳修特地向他推荐了吕惠卿,说这个年轻人“学者罕能及,更与切磨之,无所不至也”。到了嘉祐六年,欧阳修还向朝廷举荐吕惠卿担任馆职工作,夸赞吕惠卿“材识明敏,文艺优通,好古饬躬,可谓端雅之士”,就连当时的宰相曾公亮也向朝廷推举了吕惠卿。

王安石与吕惠卿一见如故，倾心相交。吕惠卿在与王安石定交前已得到元老大臣的赏识，而当时王安石地位并不十分显赫，因此吕惠卿结交王安石谈不上是什么“趋炎附势”，不过不可否认的是，吕惠卿在北宋政坛上的真正崛起，的确与王安石有很大的关系。王安石受宋神宗信任，开始筹划变法事宜，他首先想到的帮手就是和自己志同道合的吕惠卿。于是他向宋神宗大力推荐吕惠卿：“惠卿之贤，岂特今人，虽前世儒者未易比也。学先王之道而能用者，独惠卿而已。”把个吕惠卿夸得像个圣人似的，虽说有些肉麻与浮夸，但毕竟出自一片赤诚之心。宋神宗非常信任王安石，自然也就认同了王安石的推荐，他声称：“安石，今之古人；惠卿，贤人也。”由此可见，正是由于王安石的宣传包装，吕惠卿才真正进入宋神宗的视野，并受到他的夸赞。吕惠卿与王安石的政治命运紧紧联系在一起，这从二人官职的变化中就能看出端倪：王安石担任皇帝高级秘书知制诰时，就推荐吕惠卿担任御史中丞；王安石升任副宰相时，就推荐吕惠卿担任知制诰，而王安石当上了宰相，吕惠卿也顺理成章地担任了副宰相。为了顺利推行新政，王安石设置了一个专门的变法机构，叫作“制置三司条例司”。王安石身为宰相，不便亲自担任这一特别机构的领导，于是他就推荐同道好友吕惠卿担任。

吕惠卿果然没有辜负王安石的信任，在推行新法的过程中可谓不遗余力。新法施行时，来自守旧派的攻击十分猛烈，但吕惠卿丝毫不为之所动，有的时候甚至表现得比王安石还要坚强。熙宁七年（1074），王安石看到自己苦心经营的新法不被朝廷官员认同，曾经的师友也对自己提出严厉批评，就连一直支持自己的皇帝也有些犹豫退让，他打算跳出是非之地，辞职回金陵养老，做一个山野闲人。就在这新法到底向何处去的关键时刻，吕惠卿挺身而出，一面联系地方官向朝廷奏明真相，挽留王安石继续执政，同时又大量搜集证据，向宋神宗提供更全面的新法施行情况报告，打消宋神宗的疑虑，坚定他继续支持改革的决心。经过吕惠卿的危机处置和辛苦经营，新法才没有夭折，这让王安石颇感欣慰。即使欧阳修不再支持自己，即使司马光拼命反对自己，但至少还有吕惠卿坚定地站在自己身边。我想有那么一刻，王安石心中一定泛滥起"高山流水"的旋律。

吕惠卿和王安石不仅是政治上志同道合的盟友，私底下也结成深厚的友谊，成了贴心贴肺的朋友。虽然王安石仅比吕惠卿大十一岁，可平日里吕惠卿就像儿子对待父亲那样尊敬王安石。但正应了那句话，"人无千日好，花无百日红"，王安石怎么也没想到，正是这个和自己情同父子的吕惠卿，最终却会背叛自己。王安石在熙宁七年四月辞去相位，同时推荐韩绛担任宰相、吕惠卿担任参知政事。虽然王安石不在朝，但吕惠卿还是一如既往地坚持施行新法，和一切反对新法的势力做斗争。当时有个叫郑侠的人上书反对新法，并且献了一副《流民图》来夸大实施新法的危害。此事在朝廷上造成巨大影响，吕惠卿为了保住变法成果，对参与策划这一事件的人都给予严惩，其中就包括王安石的弟弟王安国。王安国历来与王安石政见不合，之前曾数次当面诋毁吕惠卿，吕惠卿早就怀恨在心。这次正好借郑侠的案子，严厉处罚了王安国，把他放归田里，变回一个彻头彻尾的小老百姓。宋神宗怕因此伤了前宰相王安石的心，还专门下诏安慰，王安石接到诏书后当着使者的面流下眼泪。吕惠卿秉公处罚了王安国，似乎公事公办，并没有什么过错。但在王安石看来，这里面多多少少有一种背叛的意味。可以说自王安石第一次罢相后，王吕之间就已经开始出现情感裂缝了。

冰冻三尺，非一日之寒，王安石与吕惠卿的情感裂缝也并非一日而成。虽然吕惠卿非常崇拜王安石，但二人在具体的政见上总会有所冲突，而王安石的强项、不容也是众所周知的。吕惠卿是勇于任事之人，也有一股子不撞南墙不回头的气魄；王安石虽然也性格执拗，但是他有的时候碰到困难就声称辞职，特别是在宋神宗非常信任他的情况下，这种做法多多少少有胁迫宋神宗的意味，这让吕惠卿很瞧不上。再加上守旧派总是不断地找机会挑拨王、吕之间的关系，说的人多了，王安石也有些疑神疑鬼，二人之间的关系有意无意地疏远了。特别是王安石第一次罢相才十个月，又被宋神宗召回京城担任宰相职务，昔日的下属吕惠卿现在变成自己的同事，相互的关系有了微妙的变化。王安石复相后，改革的热情已经大不如从前，动不动就请病假，拒绝参与各项改革事务。吕惠卿对此颇为不满，于是他也学了王安石的手法，主动向宋神宗要求辞职，并且对神宗说："安石不安其位，盖亦缘臣在此。不若逐臣使去，一听安石，天下之治可成。"神宗当然没有同意吕惠卿辞职，但这一来，吕惠卿、王安石之间的矛盾公开化了。在这期间，王安石又默许、听任儿子王雱，勾结御史中丞邓绾诬告吕惠卿，导致吕惠卿被罢去参政之职，贬到陈州当地方官，王吕之间的关系可谓彻底破裂。其实王安石就算已经讨厌吕惠卿了，但未必有欲置之死地而后快的想法，好多事情其实都坏在成事不足败事有余的“二代”手中。吕惠卿已经被贬出京，王雱得理不饶人，又拿出痛打落水狗的姿态，和王安石的门客串联，到处搜集材料，继续诋毁吕惠卿。这样一来，吕惠卿被彻底激怒，上书皇帝痛斥王安石，至此二人已经视若寇仇了。

虽然饱受宋人偏见，但吕惠卿毕竟是有才能之人，在当地方官的时候多有善政，更重要的是，他胸怀宽广，这一点连王安石也有所不如。二人交恶八九年后，王安石已经退居金陵、不问世事，而吕惠卿则依然在位。念及当年和王安石的友朋关系，吕惠卿忍不住主动致书王安石，表达了尽释前嫌的愿望。王安石也礼貌地回了一封信，在回信中他写道：“与公同心，以至异意，皆缘国事，岂有他哉？”确实有点一笑泯恩仇的意味。不过在信的结尾部分，王安石却说吕先生你啊，正是年轻力壮、为朝廷做贡献的时候，我呢，不过是一个退居山林的老头子，就等着死了，咱们现在不是一路人啊！所以呢，“相呴以湿，不若相忘之愈也”，不要说什么冰释前嫌了，还不如彼此都忘了的好。单从这最后几句话来看，王安石到底还是不肯原谅吕惠卿。这样的回应的确符合王安石的性格，后世人喜欢拿王安石的犟脾气做文章，虽然有不少故事出自杜撰夸张，但王安石脾气倔，倒是没冤枉他。

吕惠卿并没有因此就放弃与王安石重修旧好的努力，而是不断写信问候，甚至时不时地给王安石寄一些精神和物质食粮。有一次他托人给王安石寄去了一些海产品，王安石则回赠了两篮子板栗，而且在信中谈起自己的学术著作《字说》的写作情况。可见虽然经历了风风雨雨，二人最终言归于好，这对王安石晚年寂寞的生活来说，多多少少是一个安慰。只可惜的是，吕惠卿空怀一身才能和报国之志，但因赞助王安石变法得罪了守旧派，竟然被列入了《宋史》的奸臣传。

王安石如果地下有知，恐怕也会为此而愤愤不平的。

* * *　　* * *　　* * *

说完王安石一生中最重要的三个朋友，我们最后再说说苏轼吧。不论从哪个角度看，苏轼都不应该是王安石的朋友。且不说苏轼是公认的旧党人物，与王安石的新党理应老死不相往来，就以苏轼的仕途发展来说，王安石不仅没有起过任何好作用，还总是时不时地为苏轼制造些麻烦。苏轼经过五年的贬谪生涯，蒙皇帝开恩，准许从黄州移居汝州，而此时王安石正百无聊赖地退居钟山。路过金陵时，苏轼决定下船去拜访一下王安石。王安石听到此消息特别激动，不等苏轼上门，老早就骑着小毛驴来到江边看望苏轼。宾主执手相见，几十年的恩恩怨怨早已灰飞烟灭，脱去政治家的面具，恢复文人的率真后，这对曾经的敌人现在是如此地惺惺相惜、同气相求。王安石大概自己也没有想到，晚年最重要的朋友，恰恰是自己当年的政敌苏轼。苏轼在金陵盘桓一个多月，成了王安石的座上常客，二人大有相知恨晚之意。不过苏轼只是个金陵过客，二人的欢会终有散席之时，为此，王安石竟然劝说苏轼在金陵购置房产，二人相约终老金陵。苏轼也接受了王安石的好意，他在《次荆公四绝》之三中写道："劝我试求三亩宅，从公已觉十年迟。"但是急切之间，并没有合适的房子可买，于是苏轼又打算在离金陵不远的仪真访求，在给王安石的信中，他还宽慰这位孤独的老人："若幸而成，扁舟往来，见公不难也。"

遗憾的是，直到一年后王安石病逝于金陵，苏轼的求田问舍也没有成功——安石已去，而属于苏轼的江湖漂泊却远远没有结束。

苏轼：人生到处知何似，应似飞鸿踏雪泥

作为大宋王朝偶像级的文人，苏轼生前就已经名满天下了，不仅宋朝百姓喜欢他的诗文，就连辽国境内，也流传着他的作品；苏轼身后，更是得到读书人的尊敬，南宋时期举子间流传着“苏文熟，吃羊肉；苏文生，吃菜羹”的说法，考生只要深得苏轼文章的精妙之处，则考试无往而不利，高官厚禄、唾手可得，苏轼的文集就像是当今的高考满分作文选，深受考生的欢迎。“莫听穿林打叶声，何妨吟啸且徐行。竹杖芒鞋轻胜马，谁怕？一蓑烟雨任平生”——苏轼洒脱的性格，也得到后人的钦佩、景仰，在荣华富贵前坚守读书人应有的矜持，做到这一点并不难，但是能在逆境中依然保持一份达观的心态，这才是苏轼最大的人格魅力所在。

宋仁宗庆历三年(1043),北宋政坛发生了一件大事:范仲淹在宋仁宗的支持下,开始大刀阔斧地进行朝政改革,史称“庆历新政”。这真是一个值得后代文人怀念的年份,范仲淹身边聚集了韩琦、富弼、杜衍、欧阳修等一批当世名臣,大家胸怀坦荡、公而忘私,“上殿相争如虎,下殿不失和气”,使当时几乎已经积重难返的北宋政治,呈现出一片明朗的天空。“庆历新政”虽然风风火火,但来得快去得也快,大约从庆历四年开始,朝廷已逐步废除“庆历新政”的相关措施,范仲淹和其他革新派人士,也一个个地被迫离开朝廷,不得已过上“处江湖之远则忧其君”的生涯了。“庆历新政”虽然夭折了,但在当时的确产生巨大的社会影响,有学者甚至认为,“庆历新政”是二十多年后王安石改革的先声,没有“庆历新政”就没有王安石变法。“庆历新政”是不是真的影响到王安石,就算我们掘地三尺、遍搜史料,但只要王安石自己不开口,坐实这件事情还是有一些困难的。不过“庆历新政”发生的当时,却实实在在影响到一个七岁小男孩的心灵世界。这个小男孩就是后来的大文豪苏轼。

“十一人者何人也”

听说“庆历新政”这回事的时候，苏轼正在四川乡下跟着教书先生读书认字。

某日有朋友从京城来访，先生非常高兴，就让学生们自习，他自己和朋友聊了起来。千年前的通讯手段十分落后，虽然有官方办的报纸“邸报”可以传播朝廷信息，但那玩意儿往往要县处级以上的干部才有资格看，一般老百姓是看不到的。因此，外省人见了从京城来的客人，总是忍不住像《红楼梦》里的贾雨村见了冷子兴那样，开口便问：“近日都中可有新闻没有？”教书先生的朋友还真的从京城带来了特大新闻：朝中干部大换血，正在热火朝天地搞改革呢！说着还拿出一篇京城最流行的文学作品《庆历圣德诗》，宾主诵读评点起来。

《庆历圣德诗》是当时国子监直讲石介写的一首颂诗。所谓“颂诗”，无非是文人写来为当权者唱唱赞歌的东西，古人很看重写颂诗这项工作，能为当局写写颂歌，一直以来被体制内文人看做一项大荣耀，他们孜孜以求、乐此不疲。但是这个颂诗也不能随便写，总要在朝廷政治大有起色，各方面形势一片大好的情况下，才可以唱唱赞歌，否则拍马屁的痕迹太过明显，会引起整个文人阶层的鄙视。石介这篇《庆历圣德诗》成为当年最热门的文学作品，绝对不是因为作者拍了宋仁宗的马屁，而是因为这篇作品名义上是颂诗，实际上更像是一篇关于“庆历新政”的深度新闻报道，石介在诗中对自己支持的“君子党”不遗余力地颂扬，而对看不上眼的“小人”、“奸臣”口诛笔伐。正像现在的读者不喜欢四平八稳的文字，但凡沾点花边、有点火药味儿的帖子会很快火起来一样，越是有争议性的作品，其传播速度越快、影响范围越广。《庆历圣德诗》就是这么篇作品，不过石介的老师孙复并不喜欢它，名列诗中被颂扬的范仲淹、韩琦也痛恨它，而在诗中被骂做奸臣的夏竦，更是把石介当作“夙世冤家”，咬牙切齿地想杀之而后快。但老百姓却非常愿意读这样的文章，文章一发表就迅速传播四方。其实，利用文学作品对当世人物进行褒贬的做法并不妥，作者自说自话地充当道德大法官，所做的“判决”也未必公正。不过这篇《庆历圣德诗》毕竟代表一部分民意，也特别合乎普通读者的阅读诉求——老百姓才不在乎什么历史理性、盖棺论定，他们在乎的就是一个激浊扬清、忠奸分明。

“庆历新政”对苏轼同学来说太遥远了，他并不太懂两个大人在那里眉飞色舞谈论的内容，但他已经认了不少字了，总想找机会炫一下自己的技能，所以京城客人带来的那篇《庆历圣德诗》让小苏轼既好奇又技痒，忍不住趴在老师的讲桌前悄悄地读了起来。但是大学者石介的作品不是儿童读物，诘屈聱牙的不是那么容易读得懂，就算能辨得出句读，也未必能明白其中的意思，特别是里面连续出现了十一个人的名字，这更加引起了苏轼的好奇。小苏轼忍不住插话问老师，“十一人者何人也”？这诗里颂扬的范仲淹啊、欧阳修啊等十一个人，都是些什么人呢？老师和京城朋友谈论朝廷大事正在兴头上，没想到钻出个小毛头也来打听东打听西，禁不住又好气又好笑，于是老师就假装没好气地回应小苏轼说：“童子何用知之？”意思是这都是大人们关心的事情，你一个小屁孩知道好好学习天天向上就得了，打听这些事情做什么？通常小学生受到老师这样的抢白，早就吐吐舌头，回去老老实实地做听话孩子去了，可苏轼听到老师这样说，却非常不服气，他一脸严肃地对老师说：“此天人也耶？则不敢知；若亦人耳，何为其不可。”这话说得好啊！范仲淹、欧阳修们难道都是不食人间烟火的神仙大叔吗？如果那样的话，我苏轼就不打听了，咱做不了那神仙；如果他们也是有血有肉的凡人，那我有什么不可了解、不可打听的？就算做不成他们，还不许我拿他们当个榜样吗？

这几句话很有分量，一下子竟然把老师给噎住了。老师不由得重新打量站在自己面前的这个小学生——那凛然不可侵犯的神态，透出一股超出常人的英气，这副神情绝非凡品啊！“十步之泽，必有芳草”，愤怒的小孩惹不起，老师也后悔自己无意中失言了。还好这位先生不是那种死不认账的“大师”，他不敢再怠慢，赶紧学习孔老夫子对待错误的态度，承认“前言戏之耳”，然后详细给小苏轼讲了庆历诸贤的故事，并特别指出韩琦、范仲淹、富弼、欧阳修这四个人，都是当世的英才，朝廷的栋梁。苏轼听了老师的讲解之后很受感动，默默地记下这四人的名字，心中暗暗发誓，将来一定也要像他们那样，为大宋朝做出一番不朽的功业来。

“轼若为滂，母许之否乎？”

好孩子的成长固然离不开好老师的悉心教导，不过家庭给孩子的教育总是比学校多得多，称职的父母是孩子最好的人生导师。

苏轼的父亲苏洵虽然名气没有自己的两个儿子大，但“一门父子三词客，千古文章四大家”，苏老泉的名头也是很有分量的。苏洵自己空有一肚子的学问，但始终没有考中个进士，心里总归不是个滋味，因此他把希望寄托到两个儿子身上，亲自辅导苏轼、苏辙读书。从现有史料来看，苏洵多半是个宋朝“狼爸”，对儿子要求非常严格，以至于在苏轼年幼的心灵上留下了抹不去的印痕。晚年苏轼被贬到海南，有一天晚上做梦又回到童年时代：

> 夜梦嬉游童子如，父师检责惊走书。
> 计功当毕《春秋》余，今乃粗及桓、庄初。
> 怛然悸寤心不舒，起坐有如挂钩鱼。
>
> ——《夜梦》，《苏轼诗集校注》卷四一

老爸给苏轼布置好家庭作业，让他把《春秋左氏传》读完。但

是年少的苏轼非常贪玩，读不几页就翘课跑出去玩耍了，把读书的事情抛到脑后。翘课就像黑社会，出来玩，总是要还的，老爸回来要检查作业了，苏轼吓得赶紧跑回书房临时抱佛脚。“惊走书”的意思是被吓到了，快步向书跑过去的意思，“走”在这里念“奏”，是朝向、趋向的意思，我百度了一下，发现网上很少有人解释清楚这句诗，因此这里多说几句。不过就算再怎么跑、再怎么“奏”也来不及了，本来应该读完整部《春秋》，但现在算一算，才读到桓公、庄公部分。《春秋》共纪鲁国十二公，桓公、庄公排位第二、第三，如此说来苏轼刚刚起了个头就翘课了，当然怕“狼爸”发火了。虽然说开学前不赶作业的暑假不是好暑假，不挨家长骂的童年也不是好童年，但欠账实在太多，苏轼就算是千眼观音也读不完这么多书啊！眼看着老爸就要进门检查了，这可如何是好啊！一着急苏轼从梦中醒来，心里还久久不能平复，那种又急又恨的感觉，就好像被钓到钩上的鱼，不上不下、进退失据。我现在也经常有类似的体验，都高考过去二十多年了，可是还会偶尔梦到坐在考场里参加考试，碰到难题解不出来，又急又恨，一下子就从梦中醒来。高考的确成为我的梦魇，但我并不痛恨高考，如果没有这样一个相对公平的机会，我们的中国梦一定会黯然失色。虽然“狼爸”教子严厉，但苏轼后来之所以写文章能如风行水上、信手拈来，与童年时期严格的教育有很大的关系。

常言道“父严母慈”，有一位严厉的父亲，最好再有一位慈祥的母亲，这才是最好的家庭成员配置。幸运的是，苏轼的确有一个既慈祥善良，又知书达理的母亲。苏轼的母亲姓程，刚嫁入苏家的时候，丈夫苏洵整天游学四方，不乐仕进、不事生产，苏家的日子过得非常紧巴。程夫人任劳任怨，辛苦操持，丈夫不在家的时候，程夫人就担负起教导、督促苏轼读书的重任。有一次，程夫人教小苏轼读《后汉书·范滂传》。范滂是东汉末年有名的忠臣、孝子，受宦官陷害，要和当世其他一些知名君子一起遭逮捕杀害。前往抓他的人非常敬重他，逡巡不忍下手，以至于痛哭流涕；当地的县官甚至想弃官不做，陪着范滂一块儿亡命天涯。但是范滂担心罪及老母，不忍逃亡。和母亲诀别时，范滂本想宽慰老母失子之痛，但是母亲深明大义，反而安慰儿子，她说你能够和那些正人君子死在一起，有什么好遗憾的呢？真是正直的儿子、伟大的母亲啊！程夫人读完《范滂传》，长叹一口气，为古人而感慨不已。苏轼虽然很小，但已经很懂事了，他试探性地问母亲："轼若为滂，母许之否乎？"意思是我也想做范滂那样正直的人，为了正义而不惧丢掉自己的性命，母亲您会允许我这样做吗？这实际上是个两难选择，特别拷问人的灵魂。大多数人都会空谈大义，可一旦自己面临抉择的时候，能挺身而出、舍生取义的并不多。人有爱子之心，又有几个母亲忍心让自己活生生的孩子去做死去的英雄呢？但程夫人毕竟是苏轼的母亲，她毫不犹豫地回答自己儿子的问题："汝能为滂，吾顾不能为滂母邪？"——苏轼啊，你真能做像范滂那样名垂青史的正人君子，哪怕你为此付出了生命，我也一定会支持你，我愿做像范滂母亲那样的英雄母亲！

莫道登科难，小儿如拾芥

至和三年春（当年九月改元嘉祐，公历为 1056 年），苏轼和弟弟苏辙，在父亲苏洵的带领下，前往东京汴梁参加这一届的进士考试。一般的传记中都说苏轼这一年 21 岁，实际情况略有出入。苏轼生于北宋景祐三年十二月二十九日，虽说是旧历当年的年底，但是如果换算成公历，是公元 1037 年 1 月 8 日。如果这样算起来，苏轼离家进京赶考的时候刚二十岁，也就是现在大二、大三学生的年龄。

按照宋代科举制度，考试分三级，分别是乡试、省试和殿试。乡试是地方上的考试，考中之后才有资格被推举到京城参加礼部组织的省试。本来在唐朝，省试已经是最高级别的考试，通过就算考中进士了。宋代又加了一级皇帝亲自主持的考试，也就是所谓的殿试。只有殿试也通过了，这才算考中进士。按照一般常理，苏轼应该在四川参加当地的考试，获取推荐入京资格后，才可以进京参加上一级的考试。不过这里面也有点小变通，类似于如今议论正酣的“异地高考”，即直接参加京城开封地区的乡试，如果考中的话，也可以接着参加礼部的省试，苏轼和弟弟苏辙走的就是这样一条应考路线。哥儿俩果然没有让老爸失望，当年八月他们参加开封府的考试，双双告捷，都获得来年正月参加礼部考试的资格。

还有四五个月才举行礼部考试，苏轼和弟弟利用这段时间闭门苦读备考，老爸苏洵也没闲着，他趁机在京城展开了考前公关活动，遍访当世名公大臣，这里面就包括著名的韩琦、富弼和欧阳修。实际上在考前遍访名公，以求知音，这本来是唐朝进士考试前的习惯做法。那时候考生的卷子都是不密封的，主考官能看得到考生的名字。在这种情况下，主考官是不是提前了解考生的情况、是不是有王公大臣的汲引，将直接影响考生的名次，考场上发挥如何倒在其次。唐朝甚至经常出现这种情况，这考试还没开始，录取谁不录取谁，谁是状元谁是榜眼，早就提前定好了，大家对这样的考场潜规则心照不宣，甚至把这个提前曝光的成绩单美其名曰“公榜”，意思是大公无私、经得起历史考验的榜单。但是宋朝自真宗时期开始采取糊名、誊录等方法，从保密角度来看，比现在的高考试卷还要严密一些。在这种情况下，考前的公关已经没有多大作用了，就算是主考官再高看你，一切都以卷面成绩说了算。但是这种考前公关作为一种文化现象却一直没有断根，再说苏洵携子从外地进京赶考，人生地不熟的，礼多人不怪，多拜拜码头总归没有坏处。

说起拜访欧阳修，这里面还有一个小插曲。欧阳修当时已经是名满天下的大文豪，公认的文坛盟主，不是随随便便什么人都能跑上门去见他的，总得有人引荐一下才好。苏洵当然知道这个规矩，他也有引荐人，那就是益州知州张方平。张方平最早发现苏洵这个人才，专门写信向欧阳修推荐。不仅如此，也正是张方平力主让苏洵带着两个儿子直接到京城参加开封府的乡试，并且资助苏氏父子三人的赴京旅费。张方平也算得上一代名臣，但他在“庆历新政”期间，与范仲淹、欧阳修政见不合，吵吵闹闹的事情并不少，有时候也难免说些伤了感情的过头话。如今欧阳修掌管文衡，张方平远在江湖，这苏家父子要想在文坛上出人头地，是无法绕过欧阳修这一关的。张方平思来想去，还是直接给欧阳修写信推荐苏洵，倒是要看看欧阳修有没有容人的雅量。张方平还真没有看走眼，虽然欧阳修与他早年有嫌隙，但欧阳修并不因私害公，还是热情接待了苏洵。不仅如此，欧阳修一见苏洵的古文，大为惊叹，说自己读当代文人的古文多了去了，其间最喜欢的是尹洙、石介两个人的作品，但是总觉得还不够给力，现如今读到苏洵的文章，这才真正地叹为观止了。欧阳修当时是翰林学士、文坛翘楚，他的评价使苏洵声名鹊起，可以说在两个儿子还没考中进士前的这段时间里，三苏中最出风头的不是苏轼、苏辙，而是他们的老爸苏洵。

说话间就到了嘉祐二年正月(1057)，礼部考试的时间到了。虽说礼部试后面还有更高一级的殿试，但是从仁宗时代开始，殿试的形式意义已经大于考试意义了，决定自己一生命运的主要还是这个礼部考试。考试中有篇命题作文——《刑赏忠厚之至论》，翰林学士欧阳修担任这一届考试的主考官，他的好友、著名诗人梅尧臣也参加了阅卷工作。在众多的试卷中，梅尧臣发现了一篇满分作文，字数虽然不多，但是立论高远、文笔流畅，既无骈文堆砌辞藻之弊，也没有时髦古文怪奇晦涩之病，读来让人耳目一新，真是一篇少见的好文章。大喜之下，梅尧臣马上找来主考官欧阳修，强烈建议欧阳修把这份卷子录为第一名。欧阳修也仔细读了这篇文章，觉得的确是篇好文章，录为第一名毫无争议。但有时候一个简单的事情就怕往深里琢磨，这一琢磨问题就来了：欧阳修怎么看这篇文章怎么像自己的学生曾巩写的。曾巩虽然在现代不太有名，可是人家毕竟是唐宋八大家之一，他的文章也在历史上红了好几百年。曾巩中进士前追随欧阳修多年，多次得到欧阳修亲自开的"小灶"，写作水平早已超出侪辈，眼下这篇好文章不是曾巩的还会是谁的？这里面有个小常识我们稍作补充，宋代的进士考试保密制度相当到位，不仅"糊名"，而且还"誊录"，就是把名字糊好后，在每份卷子上标序号，然后找专门的工作人员把这个卷子照抄一遍。等到了阅卷人那里，所面对的只是一张标有序号、由工作人员抄录的卷子，阅卷人不仅看不到考生的名字，也无法看到考生的笔迹。在这种情况下，考试成绩揭晓之前，即使是主考官也无法知道卷子的作者是谁。欧阳修只是凭感觉以为梅尧臣递过来的试卷十有八九是曾巩写的，如果确实是曾巩的大作，那欧阳修如果把自己的学生录为第一名，虽然两袖清风、胸怀坦荡，但毕竟瓜田李下、嫌疑之地，到时候难保别人不说闲话。

正是心里存了这么个念头，欧阳修虽然十分欣赏这篇《刑赏忠厚之至论》，但还是决定把作者录为第二名。这降等录取的原因还不太好明说，倒把老朋友梅尧臣惹得一肚子不高兴。等到成绩一公布，欧阳修一下子惊呆了，这个本来应该第一名却被自己硬生生拉到第二名的考生，居然是名不见经传的苏轼，他可绝对是匹黑得伸手不见五指的考场大黑马。自己的学生曾巩虽然也榜上有名，但名次却被远远甩在后面。苏轼的弟弟苏辙也考中了，这一年他才 19 岁，兄弟俩同登龙虎榜，这种事情发生的概率是很低的，兄弟二人的名头一下子耸动京城。苏洵看到自己的两个儿子都出息了，自己的心血没有白费，更重要的是父母官张方平的投资没有白费，心中就别提多高兴了。不过高兴之余，苏洵心底也多多少少泛起点酸意，于是他写了这样几句诗：

莫道登科易，老夫如登天。
莫道登科难，小儿如拾芥。

——《宋人轶事汇编》卷十二

考进士容易吗？老子总是考不上，简直比登天还难。那么考进士很难吗？可两个犬子却一出手就拿下，简直不费吹灰之力。儿子皇榜高中，虽说这当爹的脸上有光彩了，但总感到有点造化弄人，这几句诗既表达了苏洵自得之情，也多多少少有点小牢骚。

为官一任，造福一方

考试结束后，录取的考生出于礼貌，往往要向主考官写一封信，感谢主考官的知遇之恩。苏轼写给欧阳修的《谢欧阳内翰书》，虽然只是一篇不足五百字的短文，但却是千古名作。文章一扫礼仪书信往来的陈词滥调，站在历史的高度，简要而准确地分析了北宋近百年的文学发展，高屋建瓴、言简意赅，充分反映了苏轼强大的文字驾驭能力和高超的文学理论水平。欧阳修读了这篇文章大喜过望，专门给好友梅尧臣写信说："读轼书，不觉汗出，快哉！快哉！老夫当避路，放他出一头地也。可喜！可喜！"老爷子那份欣喜那份激动，千载而下，犹可想见。苏轼终于有机会拜见自己童年时期的偶像欧阳修，并且在欧阳修的引荐下，拜见了韩琦、富弼等《庆历圣德诗》上留名的当世名臣——苏轼七岁时就立下的志愿，终于得以实现了。

苏轼是中国文学史上的一颗巨星，不过他和唐朝的李白、王维等人不同，他首先是个合格的政府官员。他一生多次担任地方官，有勇有谋，处事果断。我们就举苏轼知徐州时所做的一件大事为例吧。那年正逢黄河在澶州大决口，水淹四十五个州县、三十万顷良田。徐州离澶州还有一段距离，刚履新三个月的苏轼未雨绸缪，立即组织当地老百姓做好抗洪准备。徐州上下一直忙活了一个多月，可老天还像往年一样干旱少雨，一点发生洪涝灾害的迹象也没有。这个时候大家都有点心存侥幸，甚至私下里怪苏长官过于小题大做了。谁知刚过八月中旬，倾盆大雨不期而至，滔滔大水自北面直奔徐州而来，眼看着水位早已超过警戒线，再有三两寸就要漫过徐州城墙，到那时徐州城的几万军民顷刻间就会尽为鱼虾。城里的百姓人心惶惶，但苏轼在洪水面前并没有慌了手脚，他火速调集五千民夫上城头，尽一切可能加固城墙以防坍塌。为了安定民心、鼓舞士气，身为父母官的他亲自来到抗洪第一线，和老百姓一起抢修城墙。

不仅如此，苏轼还紧急处置了两件事情，一个是在抗洪最紧张的时候，城中不少百姓想打开城南没被水淹的城门逃出城去，守门士兵严格执行苏轼的命令，拒不开门，双方眼看就要发生冲突。倾巢之下安有完卵，不仅逃跑的人跑不过洪水，必然死路一条，更可怕的是，他们这一跑，城中百姓的抗洪意志必定会崩溃。抗洪就像打仗，一鼓作气才有活路，前方还在和洪水拼得你死我活，后方已经打开城门开溜了，这工作没办法干。苏轼知道这其中利害，一听到这个消息马上亲自来到城门前，对那些想逃出城去的人们动之以情晓之以理，以自己的人格担保人在城在，说什么也要把徐州保住。在他的成功劝说下，那些想逃跑的人终于决定留下来，跟着苏轼一起对抗洪水。第二件事情也不是小事，苏轼冒雨前往禁军军营，恳请驻扎徐州的禁军参与抗洪工作。实际上苏轼这样做是不合法的，宋朝自开国以来，对军队的控制非常严格，地方行政长官无权调动禁军一兵一卒。但是事出紧急，保住徐州要紧，苏轼也管不了那么多了，他到军营里说服了禁军首领，让军队即刻参加抗洪。这样军民合作，在短时间内筑起了一道防洪大堤，成功阻挡了更大洪峰的冲击。根据史料记载，这期间的苏轼就像古时候治水的大禹，三过家门而不入，整天忙着抗洪工作，时时关心水位的变化，吃住都在徐州城墙上。这场大水灾持续了七十多天，一直到十月中旬，黄河水回归故道，徐州城才得以保全，徐州人民欣喜若狂、载歌载舞，感谢这位保住一方平安的父母官。宋神宗了解到苏轼在徐州的表现也非常高兴，专门下诏嘉奖。

苏轼干过不少地方的行政长官，真正能做到为官一任造福一方。但仕途总是充满各种风险，更何况苏轼早就立志做范滂那样正直敢言的官员，他的仕途怎么可能一帆风顺？元丰二年（1079）三月，他被任命为湖州知州，此时的朝政非常微妙，虽说王安石早于三年前罢相，但朝廷上施行新政的大气候没有变，特别是某些别有用心的家伙，还会时不时地用谤讪新政的罪名来打击自己的政敌。苏轼虽然是务实的官员，但其政治立场基本上属于旧党阵营。他在地方任职期间干得非常出色，皇帝宋神宗不仅非常欣赏苏轼的干才，同时他本人也是苏轼的超级粉丝，苏轼一有什么新作品发表，他都诵读再三、爱不释手。基层工作经验丰富，又得到最高层的赏识，苏轼的前途不可限量，按照惯例，用不了多久，他就有可能回到朝廷担任要职。这一来让盘踞朝廷的一批小人感到莫大的威胁，他们开始坐不住了。

古代官员到任，照例要给皇帝写一封感谢信，感谢皇帝给了饭碗，表表忠心，这封感谢信就是所谓的“谢上表”，苏轼当湖州知州也按惯例写了一篇《湖州谢上表》。写者无意，读者有心，这篇“谢上表”在那些居心叵测的人看来，句句语含讥讽，诽谤朝政，特别是其中一句“知其愚不适时，难以追陪新进；察其老不生事，或能牧养小民”，让朝中小人更加无法忍受。因为自王安石变法以来，朝廷大力破格提拔支持改革的官员，“新进”云云，早已成为所谓新党人物的代名词；而“老不生事”一语，也是以旧党自居，讥讽朝中“生事”之人。有了这个把柄，朝中负责监察百官的御史台立即开始运作，苏轼在劫难逃了。

身如不系之舟

御史台官员接连上表弹劾苏轼，甚至把苏轼发表的诗集找来，在诗文的字里行间寻找深意，以此作为苏轼反对新法的罪证。在御史台官员别有创意的诗歌笺注前，苏轼似乎是“罪证确凿”、死有余辜了，即使宋神宗是苏轼的文学粉丝，也不由得龙颜大怒，下令让御史台全权处理苏轼“谤讪朝政”案。

很快，苏轼就被朝廷特使从湖州抓到京城，关押到御史台的监狱里，一个厅局级干部顷刻之间成了阶下囚。古代御史台往往多植柏树，柏树上常有乌鸦栖息，因此御史台又称“柏台”或“乌台”。苏轼被关进“乌台”，纯粹是因写诗得罪，因此历史上又把这一事件称为“乌台诗案”。苏轼被关押了整整一百三十天，期间不仅受到责骂拷打，甚至还直面过死亡的威胁，虽然在朝野上下的积极营救下，苏轼的命算是保住了，但这四个多月的乌台磨难的确让苏轼身心俱疲。

“乌台诗案”后，苏轼被贬到黄州，这也是苏轼第一次贬谪生涯。当时他的具体官职是“检校尚书水部员外郎、充黄州团练副使、本州安置”，啰啰嗦嗦一大推，看起来官也不小，实际上都是虚的，“检校”云云是虚衔，“团练副使”是闲差，最要命的是“本州安置”，实际上不过是表明了苏轼的被流放身份，根本没有资格插手当地事务。苏轼本想踏踏实实为朝廷干一番大事业，现在却不得不被流放到偏远之地，往日凌云壮志一切成空。当时主持新政的宋神宗才三十三岁，比苏轼还年轻十几岁，苏轼当然不可能预知神宗几年后会英年早逝，旧党会在朝廷上卷土重来，他必须面对现实，考虑今后的人生规划。黄州时期，正是苏轼思想的一个重要转折和升华时期，同时也是他文学创作上的一个繁荣时期。

苏轼在黄州住了五年后，蒙朝廷“厚恩”移居汝州，后来又获准在常州居住。就在苏轼庆幸可以在江南富庶之地安度晚年时，朝廷上又发生了惊天巨变，年仅三十八岁的宋神宗突然驾崩，十岁的儿子哲宗即位。本来这样的事件与早已闲居的苏轼没有多大关系，但朝政的变化还是把一心打算退隐的苏轼再次拉进了政治漩涡。宋哲宗年纪太小不能亲政，神宗的母亲太皇太后高氏按惯例垂帘听政。高太后是同情旧党的，她一掌权，就以“母改子政”的方式，全面废除神宗的各项改革政策，起用了旧党领袖人物司马光主政，史称“元祐更化”。一向被视为旧党同志的苏轼自然难得清闲，一年之内连升数级，当上了文人之极选的翰林学士，并且担任知制诰，兼任侍读。这段时期也是苏轼仕途的顶点。苏轼毕竟不是那随波逐流的趋利之徒，虽然他沾了旧党的光，在朝廷上大红大紫，但在如何对待王安石新法的态度上，苏轼与恩主司马光产生重大分歧。司马光性格执拗，喜欢因人废事，凡是王安石制定的政策，他都要废除，一条不留。苏轼毕竟做过多年地方官，属于比较务实的干部，他主张“校量利害，参用所长”，主张保留王安石变法的合理部分，反对旧党赌气式的政策，那样折腾来折腾去最终吃亏的还是老百姓。为此他多次和司马光公开争执，这让司马光非常不快，甚至一度想把苏轼赶出朝廷。

司马光主政时间不长就去世了，旧党集团迅速发生分化，苏轼又成了旧党阵营内部一些人的攻击对象。后来旧党的总后台高太后也去世了，早就对高太后一肚子意见的宋哲宗亲政，朝廷政治又发生一次翻天覆地的变化：新党得势，旧党倒霉。宋哲宗着手全面恢复老爸宋神宗时期的新法，为此还专门改元祐年号为“绍圣”，“绍”有“绍述”之意，表达了继承神宗遗志的意愿。新党上台后不以朝廷大事为重，专以打击报复旧党为快，已经饱受旧党打击的苏轼还是没有好果子吃，他又成了卷土重来的新党们的打击对象。起初他被贬为广东英州知州，但在赴任的途中，朝廷又“三改谪命”，官阶一路看跌，最后只剩下“宁远军节度副使”的虚位，被贬到遥远的惠州。两年后，新党掌权者觉得还不够解气，更是进一步让苏轼漂洋过海，把他贬到海南儋耳。

在苏轼之前，还少有文人能获得这么“远”的贬谪待遇。但是苏轼并没有因此悲悲戚戚，他以一篇精妙的短文做了回应——磨难只不过使强者更强大，高尚者更高尚。这篇短文这样写道：

> 吾始至南海，环视天水无际，凄然伤之，曰：“何时得出此岛耶？”已而思之，天地在积水中，九州在大瀛海中，中国在少海中，有生孰不在岛者？覆盆水于地，芥浮于水，蚁附于芥，茫

然不知所济。少焉水涸，蚁即径去。见其类，出涕曰："几不复与子相见。"岂知俯仰之间，有方轨八达之路乎？念此可以一笑。

——《试笔自书》,《苏轼佚文汇编》卷五

如果胸怀天地，心中自有一宇宙，海南之远何足道哉？虽然朝中政敌可以把苏轼贬到天涯海角，但是他们却永远没有办法贬低苏轼在老百姓心目中的地位。几年后，朝中政治再次变动，苏轼获准自海南北归。船过运河，因天气太热，苏轼穿着家常衣服，惬意地坐在船头纳凉。运河两岸的百姓听说苏轼经过，成千上万的人挤到河岸边来看一看这位大文豪，这么多粉丝来看自己，这让一贯豪放洒脱的苏轼有点害羞了，他对身边的人说："莫看煞轼否！"

虽是戏谑之言，但此时饱经风霜的苏轼心中，定然有一股暖意。

苏轼获准从贬谪地海南北归，途经镇江金山的时候，见到了一副自己的画像，出自大画家李公麟之手。历经沧桑的苏轼在画像旁题诗一首：

心似已灰之木，身如不系之舟。
问汝平生功业，黄州惠州儋州。

——《自题金山画像》,《苏轼诗集校注》卷四八

黄州、惠州、儋州，这三个仕途上最不堪回首的驿站，苏轼却把

它们当做自己最大的功业所在。苏轼被贬三州期间，不仅政治上遭到迫害，经济上更是捉襟见肘，但他还是把贫困的日子过得有滋有味，不仅发明了香飘千年的美味“东坡肉”，更为后人留下字字珠玑的诗文作品。作为优秀地方长官的苏轼，在中国历史上不具有稀缺性，但作为大宋文人传奇的苏东坡，却无论如何不可被替代。

这大概既是中国文人的幸运，也是中国文人的宿命。

大相国寺，那些北宋文人的身影

大相国寺,是东京汴梁除了皇宫外最重要的地标建筑。大相国寺绝不是一座普通的和尚庙,它代表了东京汴梁——这座公元十一世纪全世界最繁华城市的风格。大相国寺是一个让汴梁人引以为豪的地方,也是一个让外乡人羡慕、向往,甚至有点嫉妒的地方。到了东京汴梁而不去大相国寺,就好像到了北京不看天安门、到了巴黎不看埃菲尔铁塔那样遗憾。而对于北宋文人来说,大相国寺更像一个淘宝天堂,几乎当时世界上所有最时尚的东西,都能从这里找到。

北宋自真宗后的一百多年历史中，大相国寺一直聚集着全国最优秀的博导级易学大师，上到皇帝（宋徽宗就偷偷摸摸地找那里的算命先生算过）、大臣，下到考生、市民，三教九流、各色人等，无不乐此不疲。通过那里的算命师探听一下自己的未来，成为汴梁人民日常生活中不可缺少的调味品。不过大师们始终没算准金人的铁蹄如何踏碎汴梁的繁华梦，大相国寺里那些来来去去的身影，依然把歌舞升平下的日子过得有滋有味。徜徉在大相国寺享受生活的人们，不必为帝国的未来而愧疚，那是他们无法把握的命运；他们眼下能把握的，就是如何在大相国寺里找到自己喜爱的古籍珍本、名人字画，那可是汴梁人文化生活的重要内容。大相国寺确实在北宋迎来它最为辉煌的时期，各种稀奇古怪的玩意儿琳琅满目，有需求就有市场，就看你有没有一双火眼金睛，算不算得上淘宝达人。据称是北宋黄庭坚真迹的《砥柱铭》，在北京保利拍卖会上拍出了4.368亿元的高价；北京嘉德拍卖会上，41字的王羲之《平安帖》摹本，以3.08亿元成交。国内如此，外国的拍卖会也没闲着，据传英国伦敦郊外的一场拍卖会上，一件清乾隆粉彩镂空瓷瓶拍出了5.5亿元的天价，创下了中国艺术品的拍卖纪录。业内人士惊呼，中国艺术品收藏市场，已经进入亿元时代。在这种背景下，更让人怀想起大相国寺文化市场的魅力，那真是一块让京城文人神牵梦绕的乐土啊！

书摊

大相国寺的出版物市场比较繁荣，经常会有一些让人意想不到的发现。

王得臣（1036—1116）是北宋大学者，留下几部著名的史料笔记，是研究宋史者案头常备之书。当年他也经常去大相国寺淘宝，有一次他在一家书摊上买到一本唐朝漳州刺史张登的文集残本，上面还有唐朝名相权德舆所作的序。王得臣如获至宝，本打算根据残本权德舆序所提供的信息，搜集到张登文集的全本，只不过后来身体不大行了，这个补遗工作才没有完成。大相国寺的书画市场经常会出现一些稀世珍品，翻读宋人写的笔记，从大相国寺淘到宝贝的大有人在。什么郑康成注的《汉宫香方》，五代"不倒翁"冯道的诗集，甚至唐朝才子罗虬写给妓女的《比红儿诗》等，好多京城大藏书家的书架上没有的珍品，这里总能踅摸到。

买书的人、看书的人、记下大相国寺书画市场之包罗万象的人，多多少少都在宋朝历史上留下了声音，但相国寺大部分从事物流、营销的人员，却在历史上失语了。他们不是算命先生，通常不会自己去言说，但是有一个卖书的人却不经意间留下了声音。这个书商叫穆修,北宋思想史上的重要人物,算是学者型商人。北宋统一天下,正是凭借着一批主张儒学复兴人士的大力鼓吹,儒学事业在宋代才渐成规模。说起来北宋前期大力倡导儒学复兴的人,不知道为什么脾气不好的居多。你看那柳开,和朋友吵架就要拿着剑杀人;那个石介,骂人的时候要跳着骂,而且非要把他认为是奸臣的人写到文学作品里广为传播;还有个尹洙,和朋友开玩笑翻脸了,他倒不杀人家,他自己掐着自己的脖子非要把自己挂掉不可。这个穆修也是这样一个另类的主儿,他在举世流行西昆体文学的时候,大力提倡古文,应和着寥寥无几;他脾气不好,总是得罪上司,一辈子只当到"参军"这样的芝麻官,还因为和上司吵架被开除出公务员队伍。命运好像总是跟他作对,晚年也没有退休金,生活没有着落,什么时候好歹有点钱,不是碰到强盗被抢走,就是自己生病当了医疗费。

穆修曾经淘到唐朝大文豪韩愈和柳宗元的文集善本,大喜过望,自己鼓吹了一辈子古文复兴,一直没有好教材,这下子有了两大文豪的善本,真是天助我也啊! 奇货可居,当时市面上没有这么好的韩柳文集,翻印一批拿到京城卖一卖,说不定还能大赚一笔呢。大概穆修只是看着人家在大相国寺大把大把花银子买古书字画,觉得自己卖韩柳文集一定赚钱,于是他砸锅卖铁投资出版业,雇刻工雕刻木板,印了几百套韩柳文集,好不容易运到京城,在大相国寺市场租了个门面,开起了韩柳品牌专卖店。但是这老兄脾气不好,不懂得微笑服务,有读书人主动过来翻翻看看,他见人家不问价就乱翻,就断定人家不知道这宝贝书的价值,于是一把把书夺过来，话说得很难听："看得懂吗你？你们这些家伙如果能完完整整读通其中一篇文章，我免费奉送一部。"逛相国寺的好歹也是读书人，怎么会连韩愈的一篇文章都读不了呢？那是因为当时社会上流行骈文，考试啊公文啊家信啊借条啊什么的，都用骈文写。骈文有个好处，就是每句字数都相对固定，几乎不存在标点问题。但是韩柳古文就不同了，那是散体文，句子有长有短，而古代书籍又都是不带标点句读的，那些读惯了骈体文的读书人，确实很难完整地把韩柳散文读通。

穆修当然有这个本事，但是他恃才忤物、仗"识"欺人，结果顾客不买账，一来二往就吵了起来。还好宋代读书人比较文明，君子动口不动手，没有把穆修痛打一顿。但就这种服务质量，再加上韩柳古文在宋初本来就没有市场，结果穆修的书"经年不售一部"。看来他这一次彻底做了亏本的买卖。穆修在大相国寺下海经商活动是失败了，还好，他在北宋思想史和北宋散文革新运动中的作用，到底是被人们记住了，这可比一个成功书商有价值多了。

文人墨宝

不仅前朝的书籍可以放到相国寺里卖，就是大宋当朝名人的作品，甚至包括文章草稿，也会出现在大相国寺的跳蚤市场上。那部拍出四亿多人民币的黄庭坚《砥柱铭》如果是真品的话，搞不好当年也曾是大相国寺的抢手货。

宋人朱弁讲了这样一个故事，北宋大诗人、大书法家黄庭坚还没红的时候，也常常到相国寺里淘宝。有一天居然被他买到宋祁的一册手稿。这宋祁就是那位写“红杏枝头春意闹”的大词人，是北宋鼎鼎有名的大文豪，人们称他为“红杏尚书”。宋祁还有个大贡献就是，二十四史中《新唐书》的好大一部分是他写的，只不过最后交稿的时候，宋祁已经调离史馆的岗位，接替他的是欧阳修。欧阳修接手这项工作不久，《新唐书》就写完了。虽然说《新唐书》是集体创作，而且宋祁实际上写了其中的大部分，但按照当时的“版权法”，谁在位抓这项工作谁就是著作人，只署他一个人的名字就好了。当时在位分管史馆工作的欧阳修，那可是一个正人君子，他不愿掠人之美，于是专门向皇帝打报告，要求《新唐书》出版时，把前任领导宋祁的名字也署上。宋代文人的胸怀真叫人高山仰止啊！前一阵宋代文史行当内的某著名教授及他的团队，整理了一整套总字数超过一亿的宋代文献，为宋代文史研究作出了巨大贡献，真是令吾辈敬仰之心如黄浦江水滔滔不绝。不过搞到最后，惊闻因为署名权的问题，搞得满城风雨，让学界外的人当八卦新闻看了笑话，真是太遗憾了！这说远了，我们拉回来。且说这黄庭坚买到了宋祁写《新唐书》的草稿，如获至宝，回家反复研究。文人在草稿上的涂改之处，能清晰地显现出他写文章的构思、修改过程。搞到这种第一手资料后，黄庭坚的写作水平突飞猛进，把那宋祁的看家本事都学了来。这正是所谓的“大匠不示人以璞”，什么意思呢？就是那高明的大师级的艺术家，从来不给别人看自己的半成品，主要是怕人家把自己的看家本事学了去。这句话是不是真成立我不知道，反正我不愿给人看自己所写故事的草稿，倒不是什么匠不匠的缘故，主要是怕人家笑话我。

大概大相国寺的书画市场是文人墨宝的重要集散地，许多当代文人的书帖也能在这里找到。宋人张邦基在大相国寺见到了苏轼的墨宝，这是苏轼在海南获得大赦准备回到中原时，写给当地一个叫黎子云的秀才的。字写在当时一种价格低廉的粗纸上，但是这张不值钱的纸有了苏东坡的手迹，就大大升值了。文字也很有意思，雅俗之间，体现了苏轼对人生特有的感悟。这首诗是这样写的：“我本儋州人，寄生西蜀州。忽然跨海上，譬如事远游。平生生死梦，三者无劣优。知见不再见，欲去且少留。”东坡还在这首诗后面加了个注解：“新酿甚佳，求一具理（具理，瓶罐之类的器皿），临行写此，以折菜钱。”字写得很是潇洒，风格很像被书法家评为天下第二行书的颜真卿《祭侄帖》。诗的大意是我被贬到海南岛，这是当时能被贬得最远的地方了。但是这有什么了不起的？就当我本来就是海南人，不过是偶尔在四川暂时居住罢了。虽然被贬到天涯海角，那就当到国际旅游岛旅游一回了。人的一生啊，什么生啊死啊梦啊，实际上看穿了都差不多。我们以后恐怕再难相见了，那现在就好好话别、喝个痛快吧。你看，苏东坡真是一个官场达人啊，还有什么能够对他造成伤害的？特别有意思的是那个注解，大概是苏东坡酒瘾犯了，跟这位黎秀才要了一坛子酒，俗话说吃了人家的嘴短，秀才人情纸一张，就拿这首诗当菜钱吧。可惜的是，如此达观的苏东坡虽然告别了海南，兴冲冲地再“远游”回中原，但身体毕竟垮了，走到半路就去世了。几年后，这张浸透着苏轼的睿智、幽默和达观的粗纸，竟出现在大相国寺的文化市场上，说起来，也算了了苏轼的一桩心愿。

不仅京城学生黄庭坚可以买到当时大文豪宋祁的手稿，等到黄庭坚自己成了文坛快男后，他的手稿也成了大相国寺文化市场上的抢手货。南宋抗金名将岳飞的孙子岳珂，在他的史料笔记《桯史》里记载了关于黄庭坚的一件事。黄庭坚是著名的“苏门四学士”之一，在政治立场方面，他和苏东坡坚决地站在一边。新旧党争的时候，苏东坡本质上是旧党，但他又是文人性格，不善于在新旧党争中谋身，结果整得两边都不讨好，哪一党上了台，都要打击他几下。到最后苏东坡自己不仅被一贬再贬，连学生也跟着倒霉。黄庭坚就受苏东坡的连累，被贬到偏远的黔州。后来宋哲宗驾崩、宋徽宗即位，黄庭坚遇到大赦，境遇才稍有好转。有一次人家送给他一幅《蚁蝶图》，画的是两只蝴蝶飞啊飞，不小心被蜘蛛网网住了，正拼命挣扎着，而蜘蛛网下面有一群蚂蚁在那眼巴巴抬头看着落网的蝴蝶，正等着开大餐呢。黄庭坚有感而发，提笔在画上题了四句诗："胡蝶双飞得意，偶然毕命网罗。群蚁争收坠翼，策勋归去南柯。"这几句诗肯定有读书人的牢骚在里面，意思是别看你今儿个闹得欢，小心明天拉清单。

后来这幅画不知怎么辗转流传到汴梁，在大相国寺的文化市场上露面了。画作本身大概并没什么了不起，可是经当代大文豪大书法家的品题，那就大大升值了。结果这幅画被宰相蔡京的爪牙看到，悄悄买下来送到蔡京那里打了小报告。我们知道蔡京这个大奸臣就是靠党争起家的，而且毫无操守，旧党得势他跑到旧党那里讨好，新党得势他又成了新党的得力干将。元祐旧党，就是苏轼他们一伙子人，没少受他的整。蔡京收到这幅从大相国寺买来的《蚁蝶图》，读了黄庭坚题在上面的字，勃然大怒，马上对号入座，认为这是黄庭坚在影射他。这蔡奸臣正琢磨着往地方上发道命令，再狠狠地收拾一下黄庭坚。可是他收拾不了了，一代大文豪黄庭坚的死讯很快传到京城，黄庭坚用自己的死亡，躲过再一次的人格侮辱。

黄庭坚的去世使他躲过了一次文字狱的折磨，但是另一位叫徐常的文人可就没那么幸运了。徐常同情新党，又是苏东坡的粉丝，曾经教导自己的孩子"词赋切宜师二宋，文章须是学三苏"。他的《武夷先生集》在大相国寺书摊上隆重上市，因为书里第一篇文章就是反对王安石新法的，徐常很快被人告发，结果把工作都搞丢了。

大相国寺本是文人的乐园，没想到在新旧党争时，竟也成了酝酿文字狱的渊薮，这可是大相国寺自身所不愿扮演的角色。

奇迹

如果读者以为大相国寺只是个读书人闲暇之时算命消遣、买卖字画的去处，那就错了，大相国寺是一百五十万汴梁人的大相国寺，这里是他们享受人生、见证奇迹的地方。大相国寺市场上经常出现的奇异物事，引领着这个城市的新时尚，也构成东京人茶余饭后重要的谈资。

早些时候，中国文人聚会或聊天时，喜欢拿把玉石做的痒痒挠——如意，或者割条动物的尾巴做成个蚊蝇拍——麈尾（古人闲谈时执以驱虫、掸尘的一种工具，影视作品里的神仙们总喜欢拿着这个东西），宋代王明清不就写了一本笔记叫作《挥麈录》吗？不过从北宋开始，文人们渐渐喜欢上一种从海外进口的新鲜玩艺儿，这就是所谓的“日本扇”，即现在常用的折扇。虽然我们中国人很聪明，发明了很多好东西，但折扇这玩意儿的确是从日本引进的。那时候的中日贸易规模不太大，折扇还算是奢侈消费品。大约宋神宗时期，文人王阙之在大相国寺淘宝时，看到市面上有这种“日本扇”。这位王先生当时很穷，实在买不起这把扇子，但是大相国寺的商人都是好客的，买起买不起都是客人，店家并没有阻止他翻来覆去地把这把扇子看个够，以至于多年之后，当王阙之有资格著书立说时，详详细细记下了自己印象中的“日本扇”：

> 琴漆柄，以鸦青纸厚如饼，折为旋风扇，淡粉画平远山水，薄傅以五彩，近岸为寒芦衰蓼、鸥鹭伫立，景物如八九月间；艤小舟，渔人披蓑钓其上，天末隐隐有微云飞鸟之状。意思深远，笔势精妙，中国之善画者或不能也。
>
> ——《宋朝事实类苑》卷六十引王阙之《渑水燕谈录》

想想吧，且不说扇子的材质，单就扇面上的画，那份深远意境，引起观者无限林泉之思，其绘画水平在王氏看来，甚至超过大宋的名画师。手中有这样一把扇子，真是风云在握、尺幅山水。把扇子反反复复看了个仔细的王先生，等以后攒足了钱再去逛大相国寺，却再也没遇到过这样的好扇子，他为此后悔药不知吃了多少。所以说，要讲起“哈日”来，大概这个王阙之算是“哈日族”的鼻祖了。

相比而言，北宋大文豪苏东坡的弟弟苏辙就幸运多了，他拥有一把“日本扇”，苏东坡还专门为弟弟的这把扇子题了字。而且苏辙一个姓杨的主簿朋友也有这么把扇子，苏辙为朋友的扇子写了首《杨主簿日本扇》：“扇从日本来，风非日本风。风非扇中出，问风本何从？风亦不自知，当复问太空。空若是风穴，既自与物同。同物岂空性，是物非风宗。但执日本扇，风来自无穷。”这首诗透着典型的宋人风格，绕来绕去总想整明白一个道理，但是往往越说越糊涂。杨主簿的扇子不知是不是在大相国寺买的，主簿相当于现在的县民政局长，说起来比未发达时的王阙之要阔一些，所以能够买得起。折扇这种小物事引得当世著名文人写诗、题词，看来确实是引领京城新潮流的时髦货。这几条材料都出自宋神宗的时代，我们也可以据此推测，“日本扇”大约在十一世纪中叶走入大宋文人的审美视野和日常生活，而大相国寺的跳蚤市场，大概是这一新鲜事物流行的策源地。

扇子是实实在在的物件，还比较容易把握，但大相国寺有时候也会出来一些很怪异的商品。有个叫赵子立的人到大相国寺闲逛，恰好看到有人在那里卖奇石，他就花一百文买了一块，打算拿回家当镇石。走到半路遇到一个玉工，那玉工一眼就看上了赵子立手中的石头。他拉住赵子立，提出用两万钱把这块石头买下来。前后几分钟的时间，石头的身价增了两百倍，上升的速度比遭爆炒的创业板股票还快。这赵子立就犯琢磨了，心想玉工往往都是鉴宝达人，我这块石头弄不好是块价值连城的和氏璧材料，要是那样的话，两万钱卖掉可就吃大亏了。于是赵子立说什么也不卖，那个玉工感到十分遗憾，再三叹息说，这块东西只有在我手里才能发挥出价值，到其他人手里真的是一钱不值啊！赵子立不听玉工在那里白话，死活坚持不卖，把这块也不知道好在哪的石头拿回家供着。就这样供了几年，全家人早也看晚也看，怎么也没看出这石头有什么宝贝之处。后来赵子立的小儿子实在忍不住好奇之心，就用斧子把石头劈开，看看构造到底与别的石头有什么不同。结果这一劈开不要紧，石头里面蹦出一条小鱼来，在地上活蹦乱跳的。大家手忙脚乱地去抓这条鱼，可一会儿鱼就不见了。

这个故事是宋人何薳记在他的《春渚纪闻》中的。何薳一本正经地讲述他听到的大变活鱼的故事，看起来充满神奇色彩，不过在我们今天看来，更像是一场魔术秀。大相国寺经常出现些稀奇古怪的东西，不见得每一个都是真实的，甚至有时候造假名声都传到了皇宫里。宋徽宗时，有个叫李谌的待制（也算是皇帝的高级秘书，职位稍低于学士）向皇帝进献"蟾芝"——就是背上长着灵芝的大蛤蟆。这种东西可能是传说中的"符瑞"，大臣或百姓向皇帝献"符瑞"，通常是公然拍皇帝马屁的行为。好在宋徽宗还不糊涂，而且他当皇帝前也经常到大相国寺淘宝血拼，还在那里算过命，这点小玩意儿怎么能糊弄了大玩家宋徽宗的法眼？他就对大臣们说，那个蟾蜍是活蹦乱跳的东西，它身上怎么可能长灵芝仙草呢？我听说大相国寺里不少江湖骗子专卖这种忽悠人的玩意儿，大家不过拿来玩玩的，这哪能算什么"符瑞"，那个李谌也太小看寡人了。宋徽宗戳穿这类把戏的手法很专业——当天晚上把这只"符瑞"放到水里泡着。等到第二天，蟾蜍背上的灵芝就掉下来了，仔细一看，什么朱钉啊、树皮啊等造假材料都露馅了，这下李谌没话可说了，本来想在大相国寺捯饬个新鲜玩意儿巴结一下老板，没想到偷鸡不成蚀把米、拍马屁拍到马蹄子上，到最后工作也丢了，被灰溜溜地赶出京城。

宋徽宗真是个聪明人啊，可惜这聪明劲儿没用到他的工作中，把个好端端的大宋王朝给葬送了。

大相国寺的背影

说到北宋灭亡，我脑海里一下子出现一个美丽的人影，这个小女人就是北宋词坛超女、大相国寺的常客——李清照。李清照的幸福人生在金人南下的铁蹄声中戛然而止：她随着逃难的人群来到江南，从此再也没有回到过东京汴梁，那座有着鲜花与掌声、有着自己美丽初恋和甜蜜婚姻生活的城市。

前几年有位美女教授写了一本关于李清照的书，把李清照称为“好酒好色好赌”的“三好女人”，引起媒体的一片哗然。某些保守人士大概连人家的书都没看，就在那里痛心疾首、大批当下学风不古。为此我专门从书店买来一本，仔细看下来，文笔相当不错，学术上也算严谨，挺好的一本书。作者的原意并不是强调李清照的“三好女人”履历，只不过有些话语被媒体娱乐化了。实际上在我看来，李清照不只是“三好”女人，人家还好读书、好填词、好字画、好古董，说起来“五好”、“六好”都有了。

李清照屡遭变故，偏偏比较长寿，这可是上天折磨多愁善感文人最毒辣的一招。李清照晚年的情感生活是十分落寞的，她常一个人躲在门帘后边，一边听着那些少年不知愁滋味的青春女孩们嬉笑打闹，一边黯然神伤地回忆起“中州盛日，闺门多暇”的汴梁少女时代。当年的生活场景，常出现在李清照的词中，不过有一个生活细节，李清照认认真真地把它写在散文里，作为自己丈夫赵明诚遗著的后记，一并发表出来。这篇文章流传比较广、影响也比较大，文中有一段是这样写的：

> 余建中辛巳，始归赵氏。时先君作礼部员外郎，丞相作吏部侍郎。侯年二十一，在太学作学生。赵、李族寒，素贫俭。每朔望谒告，出，质衣，取半千钱，步入相国寺，市碑文果实。归，相对展玩咀嚼，自谓葛天氏之民也。
>
> ——《金石录后序》，《李清照集校注》卷三

文章中的“丞相”是李清照的公公赵挺之，“侯”是指她老公赵明诚。这里面说得很明白，小两口刚结婚的时候，公公虽然已经是个副部级领导了，但并不是什么富裕之家，平时比较节俭。老公只是个大学生，工作还没搞定，家里没有什么钱。到了学校放假，赵明诚就跑到当铺里把衣服当掉，换“半千钱”（北宋的“半千”并不是五百，仁宗时大约三百八十五文）。赵同学就拿着这三四百个大钱跑到大相国寺里，买点古碑的拓片，然后再买点时鲜水果，把这些物质食粮和精神食粮都抱回自己的小家里，和新婚妻子李清照一边研读古文字，一边吃吃喝喝，那真是神雕侠侣般快乐的时光啊！李清照五十二岁写下这些文字时，不仅和丈夫早就阴阳两隔，那东京汴梁、那大相国寺也早就成为他国疆土了，

真不知道书写此文时，词人那颗脆弱的心灵如何承担得起这国破家亡之痛。

《枫窗小牍》的作者，也是经历了北宋亡国之痛的文人，当年他住在汴梁城的时候，有一部家藏的《春秋繁露》珍本，但是这个本子当中少了两页。于是他遍访京城的藏书家，凡是谁家有《春秋繁露》的都借来对校，但遗憾的是，汴梁城所有的《春秋繁露》藏本都缺这两页。后来他又想办法，通过关系借到当时国家图书馆的善本，结果皇宫所藏的《春秋繁露》也是少这两页。这老兄一肚子牢骚，心想那些馆阁之臣，拿着国家的俸禄，连一个完整的本子都提供不了，“得无愧乎”。还好这冒着酸气的文人后来在大相国寺买了一套《春秋繁露》的抄本，这个抄本反而是全本，一页都不缺。这老兄如获至宝，把这套全本放到书房里，顿觉整个书房都熠熠生辉。《枫窗小牍》的作者记述这件事的时候，大相国寺已然成了往日梦幻，他伤心地说：“及离乱南来，缺本且不可得矣。”自从北宋灭亡，有多少书籍文献毁于兵燹，别说《春秋繁露》的全本了，就是想找缺了两页的残本，也是非常难的事情了。

* * *　　* * *　　* * *

南宋范成大出使金国，有机会来到早已沦为异域的汴梁，专门凭吊了让多少大宋文人魂牵梦绕的大相国寺。此时的大相国寺虽然还是一个超级市场，但是显然已经不再是文人的淘宝天堂了，他写下了这样一首诗：

倾檐缺吻护奎文，金碧浮图暗古尘。

闻说今朝恰开寺，羊裘狼帽趁时新。

——《相国寺》，《范石湖集》卷十二

文人心中的大相国寺已经坍塌了。大相国寺的残垣断壁，似乎默默地向南宋使者昭示盛极必衰的道理，每念及此，怎能不让人感慨系之？

附录 北宋开国百年时事简表

建隆元年(庚申,960)

正月初四,赵匡胤发动“陈桥兵变”,建立宋朝。李筠和李重进先后起兵反宋,但均遭失败。

建隆二年(辛酉,961)

太祖与赵普探讨晚唐五代以来天下大乱的原因,赵普提出了对各地带兵的大将采取“稍夺其权,制其钱谷,收其精兵”的策略。此后,太祖开始逐步削夺大将的兵权。

建隆三年(壬戌,962)

太祖下令扩大国子监规模,数次到国子监视察。禁止新考中的进士称主考官为恩门、师门,也不能自称为某主考官的门生。

乾德元年(癸亥,963)

太祖用赵普之策,凡是异姓王及带相印的开国元勋,随着他们的退休、去世,逐渐用文臣担任其职。判大理寺事窦仪等上《重定刑统》三十卷、《编敕》四卷,诏刊板模印颁天下。此年,北宋攻灭荆南、湖南等地的割据政权。

乾德二年(甲子,964)

根据翰林学士承旨陶穀的建议,设参知政事一职,以薛居正、吕余庆担任。此年十一月,太祖命王全斌等攻蜀。

乾德三年(乙丑,965)

正月,宋兵攻入成都,后主孟昶出降。此年朝廷继续推行“强干弱枝”的政策,让地方上选精壮士兵送到京师,以充实禁军;各地设置转运使一职,掌管当地财政。

乾德四年(丙寅,966)

下诏禁止将帅选取精壮士卒组建自己的贴身卫队。鼓励开垦而不加赋,“自今百姓有能植桑枣,垦辟荒田者,只输旧租”。

乾德五年(丁卯,967)

因蜀地民众控告宋军的残暴行为,太祖召还平蜀诸将。三月,出现了罕见的“五星聚奎”天象,当时的人们认为这是天下太平的征兆。太祖下诏禁毁铜佛像,但亦不许再铸。

乾德六年 开宝元年(戊辰,968)

规定凡“食禄之家”子弟参加科举,“当令覆试”。此年,南唐李煜和小周后结婚,越发不关心朝政,南唐政治江河日下。

开宝二年(己巳,969)

二月,太祖亲征太原,以开封尹赵光义为东京留守。六月班师回京,曲赦京城囚。十月,散指挥都知杜延进等谋反伏诛,夷其族。宴藩臣于后苑,杯酒之际,大将王彦超等被罢节镇。

开宝三年(庚午,970)

三月,太祖从曾十五次考试而没考取的六十三名考生中,录取四十三人，开北宋科举制度“恩科”之先。七月，诏天下州县官仿照西川“省官而益俸”之例，汰选地方官员。九月，派潘美为主帅出兵攻打南汉。

开宝四年（辛未，971）

二月，潘美克广州，俘南汉主刘鋹。七月，赐开封尹赵光义门戟十四。十一月，李煜遣其弟郑王李从善来朝贡。南唐去唐号，改印文为“江南国印”。此年，禁军民男女结义社。

开宝五年（壬申，972）

正月，禁民铸铁为佛像、浮屠及人物之无用者。二月，因李从善入贡，遂留之为泰宁节度使，赐第京师。使从善致书李煜，风其入朝，李煜不从。闰二月，礼部试进士安守亮等诸科共三十八人，召对讲武殿，始发榜，此为新制。十一月，禁释道私习天文、地理。

开宝六年（癸酉，973）

三月，覆试进士于讲武殿，赐宋准及下第徐士廉等诸科一百二十七人及第。知贡举李昉坐试人失当，责授太常少卿。八月，赵普罢。九月，封赵光义为晋王、兼侍中，赵德昭同中书门下平章事。诏晋王赵光义班宰相上。

开宝七年（甲戌，974）

九月，命曹彬、潘美、曹翰，将兵十万出荆南，伐江南。十二月，金陵始戒严，李煜去开宝之号，公私文件只称“甲戌岁”。南唐大臣徐铉出使北宋要求退兵，遭到太祖的拒绝，太祖说：“卧榻之侧，岂容他人酣睡。”

开宝八年(乙亥,975)

正月,曹彬等进攻金陵。二月,太祖覆试进士于讲武殿。是月,南唐亦开贡举,史家讥李煜不知时务。十一月,金陵城破,李煜出降,江南平。开宝年间宋兵总数不过是三十七万八千,其中约有一半为"禁军",其余为"厢军",但纵横南北,攻无不克。

开宝九年 天平兴国元年(丙子,976)

钱俶在二月进京朝拜,太祖在崇德殿接见钱俶,并给予他"剑履上殿,诏书不名"的宠遇。三月,太祖巡幸西京。七月,幸晋王第观新池,同月三幸京兆尹赵光美第。八月,遣党进、潘美伐北汉。十月,"斧声烛影"之后驾崩,赵光义即位。

天平兴国二年(丁丑,977)

正月,太宗下令禁止官员经商贸易、与民争利。太宗即位后第一次科举考试录取五百人,比太祖在位期间科举考试录取的总数还多。三月,赵普来朝,太宗允其留在京城。命翰林学士李昉等编类书一千卷。诏各地搜访先贤笔迹、图画。

天平兴国三年(戊寅,978)

正月,命李昉等修《太祖实录》,直学士院汤悦等修《江表事迹》。太宗亲自设计规画,建成崇文院,藏八万卷,远远超出宋初的一万多卷。四月,陈洪进上表献所管漳、泉二州。钱俶随后亦被迫献所管十三州、一军。至此,南方割据政权全部被消灭。

天平兴国四年(己卯,979)

太宗亲征太原。五月,北汉主刘继元投降。六月,太宗率领宋军顺势攻打辽国控制的幽州,但久攻不下。七月,辽大破宋兵于高梁河，太宗仓皇逃回汴梁。九月，辽军大举入侵，宋将李继隆破之。太宗此年逼死太祖子赵德昭。

天平兴国五年（庚辰，980）

三月，潘美与杨业合击来犯辽军，大破之。太宗作《喜春雨》诗，令近臣和。八月，乡贡进士孟渝献所著《野史》三十卷，被授固始县主簿之职。九月，史馆上《太祖实录》五十卷。

天平兴国六年（辛巳，981）

三月，太祖次子赵德芳卒，死因不明。九月，赵普与宰相卢多逊产生冲突，为获得太宗的重用，赵普曝光了“金匮之盟”。

天平兴国七年（壬午，982）

三月，太宗罢免秦王赵廷美开封尹之职。赵普复相后，找到卢多逊与秦王赵廷美谋反的证据，太宗下诏削夺卢多逊官爵，赵廷美勒归私第，其子女除去皇子、公主的名号。后又降廷美为涪陵县公，安置房州。此年，辽圣宗即位，改大辽为大契丹，萧太后专其国政。

天平兴国八年（癸未，983）

四月，改讲武殿为崇政殿。太宗让史馆每天送上三卷《太平总类》给自己读，此书后改名为《太平御览》。

天平兴国九年 雍熙元年（甲申，984）

正月，赵廷美卒，太宗向大臣公布其真实身份。三月，日本僧人奝（diāo）然飘洋过海前来朝见。太宗召宰相近臣在皇宫后苑赏花，“赏花赋诗”之会始于此年。四月，“泰山父老”到京城请愿，恳请太宗封禅。

雍熙二年(乙酉,985)

四月,太宗召宰执大臣、学士和尚书省四品、两省五品以上官员,到皇宫后苑赏花钓鱼、赋诗习射。自此年开始,皇帝呼名召见登第进士,史称“唱名赐第”。

雍熙三年(丙戌,986)

三月,宋军北伐大败,骁将杨业兵败被俘,绝食而死。太宗闻讯非常痛惜,下诏处罚了潘美、王侁、刘文裕等人。十二月,翰林学士宋白等编成《文苑英华》一千卷。

雍熙四年(丁亥,987)

五月,以郑宣、刘墀、赵载为如京使,以柳开为崇仪使,以刘庆为西京作坊使。三使都是武官阶官,此乃北宋文人担任武职较早的记录。

端拱元年(戊子,988)

崇文院设秘阁,分三馆之书万余卷以实其中,吏部侍郎李至兼任秘书监。太宗视察国子监,看到博士李觉正在聚徒讲书,令其前来给自己讲一段。李觉因太宗坐在车上而拒绝讲书。太宗下车,令人专门设置讲书场所,让李觉讲《周易》的《泰》卦。契丹此年开始设置贡举。

端拱二年(己丑,989)

二月,以国子监为国子学。三月,太宗在崇政殿试合格举人,越州进士十三岁的刘少逸也中选,授校书郎,太宗令其到三馆读书。此年喻皓在汴梁建开宝寺塔。

淳化元年(庚寅,990)

宋初钱币铸“宋元通宝”四字,此年五月,改铸“淳化元宝”钱,太宗用真、草、行三体,亲自书写钱文。此后,每改元则重新铸钱,以年号元宝为文。八月,秘书监李至与李昉、宋琪、徐铉等人在秘阁读书。太宗闻之,派人赐宴;次日又诏权御史中丞王化基和三馆学士并赐宴秘阁。

淳化二年(辛卯,991)

闰二月,李至上新校订御书三百八十卷,太宗说自己“他无所爱,但喜读书,多见古今成败,善者从之,不善者改之”。十月,翰林学士承旨苏易简编撰了《续翰林志》二卷以献,太宗赐诗二首,用真、草、行三体书各书一遍,命待诏吴文赏刻之,遍赐近臣;又用飞白书写了“玉堂之署”四字,让苏易简挂在翰林院里。

淳化三年(壬辰,992)

此年考试实行“糊名考校”之法,以革除考生“争习浮华,尚敏速”之弊。六月,汴梁一带庄稼丰收,太宗建“常平仓”。

淳化四年(癸巳,993)

八月,刚从贬谪之地归朝的王禹偁被授以左正言之职,太宗对宰相说:“禹偁文章,独步当世,然赋性刚直,不能容物,卿等宜召而戒之。”不久,命王禹偁直昭文馆。

淳化五年(甲午,994)

正月,太宗写了《元旦》、《除夕》诗各二首赐给大臣,翰林学士张洎写了数千字解释太宗诗之意,太宗甚悦,命宰相把张洎召到中书进行嘉奖。九月,以襄王元侃为开封尹,改封寿王。

至道元年（乙未，995）

八月，以开封尹寿王元侃为皇太子，改名恒。大赦天下。九月，太宗御朝元殿，举行册立皇太子的大礼。此年太宗派内侍前往江南诸州购募图籍，颇有收获。

至道二年（丙申，996）

五月，李继迁攻打灵州。太宗派李继隆、王超等人五路进讨李继迁，但并未取得预期效果，太宗认为诸将没有按照其“阵图”进军所致。

至道三年（丁酉，997）

三月，太宗崩于万岁殿，真宗在太宗灵柩前即位。真宗即位后，诏以太宗御书墨迹赐天下名山胜境，追复赵廷美的秦王封号，赠魏王赵德昭太傅，岐王赵德芳太保。六月，真宗下令各地不要再向朝廷进献珍禽奇兽等各种祥瑞。

咸平元年（戊戌，998）

正月初一，改元。初三，真宗在宰相吕端的府第赐宴，从此成为惯例。王禹偁参与修订《太祖实录》，有人告发他以自己的喜好“轻重其间”，十二月，被贬黄州，写下著名的《黄州新建小竹楼记》。

咸平二年（己亥，999）

六月，真宗下令禁止官民用“泥金”、“铺金”之饰。八月，王钦若汇报大理寺“刑措”，希望命史官记录，真宗同意。之后王钦若又以大理寺案子少为由，要求削减一半的编制，真宗也同意了。十月，处州汇报水稻出现一年两熟的情况。十二月，真宗披挂亲征，与契丹转战在澶州、大名一带，次年正月才回京。

咸平三年(庚子,1000)

十二月,开封府汇报"狱空",真宗赐诏予以嘉奖。此年,契丹军渡过黄河,大掠淄、齐而去。

咸平四年(辛丑,1001)

十月,诏天下购馆阁逸书,每卷给千钱,如果有献书三百卷者,朝廷当量材录用。十一月,知阶州窦玭献白鹰,真宗没有接受。开封府报告药贩得神人所赠金牌,上书"赵为君万年"的字样,真宗疑其有诈。此年,宋军打退了契丹的多次进攻。

咸平五年(壬寅,1002)

三月,李继迁攻陷灵州。六月,李继迁围攻麟州,被守将击退。九月,真宗在崇政殿接见隐士种放。十月,知莱州齐化基献白鹰,真宗没有接受。十二月,开封府又上言"狱空",真宗下诏嘉奖。

咸平六年(癸卯,1003)

三月,种放接连上表要求暂放归山,真宗同意了他的请求。四月,契丹攻打定州,战于望都,宋将王继忠兵败投降。九月,相州官方马厩生灵芝,知州张鉴将之献给朝廷,真宗优诏赐答。此年,李继迁在与西凉作战时受伤不治,其子阿移嗣位,改名德明。

景德元年(甲辰,1004)

正月,下诏禁止民间私藏算命、星象书,让地方把"星算伎术"之人送到京城。八月,地方报告凤凰在白州出现,群臣奉表称贺。闰九月,契丹大举攻宋,在宰相寇准的坚持之下,真宗亲征。十一月,契丹军主力攻至澶州,真宗在寇准的要求下,进驻澶州。十二月(公历 1005 年 1 月),宋与契丹签署"澶渊之盟",宋朝答应每年给契丹岁币银绢三十万。

景德二年(乙巳,1005)

正月,张知白报告江南诸州只剩下袁州有两个强盗没抓住,其他地方都“狱空”。三月,宰相毕士安、寇准的亲友考试落第,两位宰相恳请真宗开恩录取。五月,真宗视察国子监,对国子监书板数量的增加非常满意,颇有自矜“盛世”之意。六月,赵德明归款。此年,令王钦若、杨亿修《历代君臣事迹》,王钦若请以直秘阁钱惟演等十人同编修。杨亿、刘筠、钱惟演等人互相唱和,“西昆体”盛行一时。

景德三年(丙午,1006)

契丹多次派遣使节前来修好。宰相寇准罢,以参知政事王旦为相。四月,真宗到崇文院视察,观看四库图籍及馆臣所修《君臣事迹》。五月,司天监报告周伯星出现,群臣上表称贺。八月,王钦若认为周伯星出现,“天既垂休,礼罔不答”。真宗决定祀星。九月,真宗与辅臣王旦等讨论时政,认为当下正是所谓的“太平之世”。十二月,西京父老到京城请愿,请真宗在明年朝陵结束后,驾临西京。

景德四年(丁未,1007)

真宗西京拜祭先祖。之前已数日阴天,真宗谒陵时却“天地澄廓,气候晏温”,当时人认为这是真宗的仁孝感动了上天。陈彭年请令史官记录此事并颁示中外,真宗同意。陈尧叟汇报“狱空”,真宗诏命嘉奖。十一月,殿中侍御史赵湘上言请封禅,真宗“拱揖不答”。十二月废除不许各地献符瑞的禁令。

大中祥符元年(戊申,1008)

正月,“天书”下降。大赦,改元。三月,兖州父老吕良等一千二百八十七人来到京城请愿,恳请真宗封禅泰山。兖州知州邵晔又率领本地官员上书请封禅,进京参加考试的举子八百四十六人也跪在皇宫前请封禅。四月初一,“天书”又降于皇宫内的功德阁。宰相王旦等率文武百官和各界代表二万四千三百七十人来到皇宫前请愿,真宗“不得已”下诏将在当年十月封禅泰山。史载,此年多地秋粮丰收,每米斗才七八钱。十月,真宗自汴梁至泰山行封禅大礼,改乾封县为奉符县。

大中祥符二年(己酉,1009)

正月初一,真宗召辅臣至内殿朝拜天书。自是,岁以为常。御史中丞王嗣宗言:“翰林学士杨亿、知制诰钱惟演、秘阁校理刘筠,唱和《宣曲诗》,述前代掖庭事,词涉浮靡。”真宗下诏风励学者:“自今有属词浮靡,不遵典式者,当加严谴。其雕印文集,令转运使择部内官看详,以可者录奏。”是月,以美人刘氏为修仪,才人杨氏为婕妤。十二月,丁谓等上《泰山封禅朝觐祥瑞图》百五十,刘承珪上《天书仪仗图》一,真宗召近臣观于滋福殿,不久又示百官于朝堂。

大中祥符三年(庚戌,1010)

正月,两浙提点刑狱皇甫选以部内系囚悉寓禁他所,妄奏狱空,为知杭州王济所发,罚金三十斤,徙江南路。天书殿屡有祥异,真宗以语辅臣,王旦等曰:“陛下至诚奉天,天示宝符,神物相之,固其宜矣。”四月十四(公历 5 月 31 日),后宫李氏生子,是为仁宗。

大中祥符四年(辛亥,1011)

正月,真宗以"天书"屡降,刻誓文于玉清昭应宫。二十三日,真宗车驾奉天书自京师出发,西祀汾阴。四月初一,真宗回到京城。赵德明遣使贡马,贺汾阴礼毕。十一月,制定弥封誊录之法。

大中祥符五年(壬子,1012)

二月,诏贡举人但曾预南省试者,公罪听赎。真宗以宗室所和《绿毛龟诗》示宰臣,曰:"诸王暇日,莫若读书缀文。尝有请读史者,朕谕以学古莫若读五经,皆圣人之言也。"八月,真宗作《祥瑞论》、《勤政论》、《俗吏辨》赐辅臣。十月,九天司命上卿保生天尊"降于"延恩殿。诏以天尊降临,分命辅臣告天地、宗庙、社稷。知梓州崔端献白雉一,真宗以地远劳人,赐牙吏缗钱遣之。仍令诸州依前诏,勿以珍禽异兽为献。内出太宗御集并法帖三百六十卷示辅臣。王旦曰:"以文章化人成俗,实自太宗始也。"十二月,立德妃刘氏为皇后。

大中祥符六年(癸丑,1013)

三月,进士魏刚与周惟翰素有隙,诬告惟翰诋天书,按鞫无状,二人均被贬斥。大理寺丞魏瓘、鄄城县令张沔亦受牵连被责。五月,国子监新修御书阁有赤光上烛,长尺许,判监孙奭以闻。十一月,丁谓献芝草三万七千余本。十二月,天书扶侍使赵安仁等上新制天书车辂、鼓吹、仪仗,真宗召宗室、宰相观之。从寇准所请,列丁谓所贡芝草宣示百官。

大中祥符七年(甲寅,1014)

正月,真宗车驾奉天书自京师赴亳州祀太清宫,禁天下屠宰十日。判亳州丁谓献白鹿一，灵芝九万五千本。二月初五，真宗自亳州回到京城。河北提点刑狱司言博州狱空百三十九日，宰相言天下奏狱空者无虚月，唯此奏日数稍多，真宗特令降诏奖之。

大中祥符八年（乙卯，1015）

二月，诏礼部贡院，进士六举、诸科九举以上，虽不合格，并许奏名。三月，赵安仁等上礼部合格人数姓名，真宗对宰相说："今岁举场，似少谤议。"八月，知汝州杨亿言："部内秋稼甚盛，粟一本至四十穗，麻一本至九百角。"真宗读后赞道："亿之词笔冠映当世，后学皆慕之。"王旦说："如刘筠、宋绶、晏殊辈相继属文，有贞元、元和风格者，自亿始也。"

大中祥符九年（丙辰，1016）

五月，以寿春郡王读《孝经》彻章，诏奖张士逊等。诏中书、枢密院，三伏听午时归第。六月，知齐州范航坐受财枉法，免死，杖脊黥面，配沙门岛。七月，开封府言祥符县赤冈村蝗附草而死者数里，撷其草来上。九月，青州言飞蝗投海死，海水所激，积于岸侧仅百里。十一月，三司言诸州欠商贾飞钱，欲罢来年官市缯绢偿之，诏发内藏钱二十万缗以给其费。真宗崇符瑞，而石普请罢天下醮设，忤真宗意，坐私藏天文除名，配贺州。

天禧元年（丁巳，1017）

正月初一，奉天书升太初殿，行荐献之礼，诸路分设罗天大醮。坊市三日不得饮酒食肉，军校、牙将、道释、耆寿悉就门庭设香烛望拜。以功德阁降天书故，诏以四月一日为天祯节。二月，诏别置谏官、御史各六员。三月，宿州言灵璧镇蝗虫生。五月，开封府及京东、陕西、江、淮、两浙、荆湖路百三十州军,并言二月后蝗蝻食苗。六月,知苏州梅询言飞蝗入境,悉于丛薄间抱枝干僵死,又群飞投太湖。七月,知永兴军寇准言部内民稼蝗伤之后,茎叶再茂,蝗多抱草死。十一月,真宗以蝗息雨足,秋稼登稔,谒玉清昭应宫,遂幸开宝寺灵感塔。十二月,内出再生稻穗以示辅臣。皇城亲从官魏美、何斌夜宿长春门,袖刃穿壁,盗天书法物珠金。断手示众三日,斩之。是年王旦卒。

天禧二年(戊午,1018)

正月,芝草生真游殿及皇后所居崇徽殿,真宗作歌诗示宰相。六月,京师民讹言帽妖至自西京,入民家食人,相传恐骇,聚族环坐,达旦叫噪,军营中尤甚。时自京师以南,皆重闭深处,知应天府王曾令夜开里门,敢倡言者即捕之,妖亦不兴。七月,以星文示变,赦天下流以下罪,死罪减一等。八月,立升王受益为皇太子,改名祯。大赦天下。九月,诏皇太子月给钱二千贯。

天禧三年(己未,1019)

正月,知江宁府丁谓言,启承天节道场,甘露降,仍献五言诗。有诏褒答,又和诗赐之。二月,出皇太子所书御诗赐宰相。真宗作《学书歌》、《劝学吟》赐皇太子。三月,进士陈损、黄异等伐登闻鼓,诉钱惟演等考校不公。经阅视试卷,钱惟演、王曙、杨亿等并降一官,损、异等五人并决杖配隶诸州。是月,寇准奏天书降乾祐山中。四月,备仪仗至琼林苑迎导天书入内。鲁宗道、孙奭上疏论之。六月,寇准再次为相,丁谓为参知政事。八月以天书再降于乾祐县,大赦天下。

天禧四年(庚申,1020)

三月,改祯州为惠州。六月,诏从翰林学士杨亿等所请,选官笺注御制文集。七月,周怀政谋叛伏诛,朱能所献天书妖妄事亦发,寇准被贬斥。九月,朱能案涉案者并家属共五六十人受到处死等不同程度的惩罚。十月,诏注释御集检阅官月增给钱七千,京官五千。赐天下宫观《大中祥符降圣记》各一本。十二月初一,杨亿卒。闰十二月,赐辅臣《册府元龟》各一部。此期真宗身体不佳,太子虽听事资善堂,然事皆决于刘后。

天禧五年(辛酉,1021)

正月,翰林学士刘筠见真宗久疾、丁谓擅权,表求外任,乃出知庐州。五月,诏皇太子读《春秋》。辅臣奏曰:“太子天姿英迈,好学不倦,亲写大小字示臣等,天然有笔法。”真宗喜曰:“赖卿等辅导也。”九月,宰相丁谓等上笺注释教御集三十卷。权知开封府吕夷简言狱空,诏奖之。十二月,真宗作歌赐皇太子,奖其书翰日进。

乾兴元年(壬戌,1022)

正月初一,诏改元。二月初一,真宗御正阳门,大赦天下。二月十九日,真宗崩于延庆殿,仁宗即皇帝位,丁谓擅权,贬寇准、李迪等人。四月,赠赵廷美为太师、尚书令,赵德昭、赵德芳为太师。六月,丁谓被贬。七月,再贬丁谓崖州司户参军,诸子并勒停。八月,用王曾议,仁宗与刘太后御承明殿垂帘决事。九月,仁宗与刘太后谕辅臣曰:“前后所降天书,皆先帝尊道奉天,故灵贶昭答。今复土有日,其刻玉副本已奉安于玉清昭应宫,元降真文止于内中供养,则先意可见。矧殊尤之瑞,专属先帝,不可留于人间,当从葬永定陵，以符先旨。”是用王曾、吕夷简之议。

天圣元年（癸亥，1023）

正月初一，刘太后诏改元。二月，铸“天圣元宝”钱。十一月，置益州交子务。以开封府解试丑闻，责罚高弁、胥偃、王轸，刘随等人。是年寇准卒于雷州。

天圣二年（甲子，1024）

二月，襄州上胡旦所撰《汉春秋》，仁宗称叹，命旦为秘书监。三月，仁宗御崇政殿，赐宋郊、叶清臣、郑戬等人及第。宋郊与其弟祁俱以辞赋得名，礼部奏祁名第三，太后不欲弟先兄，乃推郊第一，而置祁第十。刘筠得清臣所对策，奇之，故推第二。宋朝以策擢高第，自清臣始。六月，罢天庆、天祺、天贶、先天、降圣节宫观然灯。

天圣三年（乙丑，1025）

二月，试身言书判选人，仁宗曾问辅臣：“身言书判，足以尽人才乎？”王钦若对曰：“朝廷设此以旌别选人，若四者悉有可采，固宜升进也。”诏国子监，见刊印《初学记》、《六帖》、《韵对》等书，皆钞集小说，无益学者，罢之。四月，诏三馆所写书万七千六百卷藏太清楼。五月，诏权罢贡举一年。赐杭州隐士林逋粟帛。时小灾变者多为怪迂诞妄之说，九月诏司天监，凡奏祥异，自今并须据占书以闻。十一月，王钦若卒，刘太后临奠出涕。

天圣四年（丙寅，1026）

二月，玉清昭应宫使王曾请下三馆校道藏经，从之。仁宗因言：“其书多载飞炼金石方药之事，岂若老氏五千言之约哉？”六月，大雨震电，平地水数尺，坏京城民舍，压溺死者数百人。仁宗避正殿，减常膳。十二月，罢天庆等五节上清宫立班。

天圣五年（丁卯，1027）

正月初一，仁宗率百官上刘太后寿于会庆殿。诏进士奏名，勿过五百人，诸科勿过千人。三月，罢兖州知州天贶节朝拜乾元观，命奉符知县代之。四月，赐新及第人闻喜燕于琼林苑，遣中使赐御诗及《中庸篇》一轴。七月，赵善言蝗自邢州南来，才二顷余，不食苗。仁宗谓辅臣曰："但虑州郡所奏不实耳，其遣官按视之，速捕瘗以闻。"十一月，以河平，宰臣率百官称贺，遂燕崇德殿。自天禧三年河决，至是，积九载乃复塞。合祭天地于圜丘，大赦，贺刘太后于会庆殿。

天圣六年（戊辰，1028）

三月，太后幸赠侍中刘美第，左司谏刘随奏疏劝止。四月，以星变，命辅臣分诣寺观禳祈。五月，诏权停贡举。七月，刘随请军国常务专禀帝旨，刘太后不悦，会随请外，因命知济州。十一月，益州献异花，蜀耆旧言此花不开六十余年，仁宗颇异之，目为"太平瑞圣花"。是月，京西言谷斗十钱。十二月，以大理评事范仲淹为秘阁校理。杭州处士林逋卒，临终赋诗有"茂陵他日求遗稿，犹喜曾无封禅书"之句。仁宗嗟惜之，赐谥"和靖先生"。

天圣七年（己巳，1029）

正月，曹利用以勋旧自居，不卹中人、贵戚，亦得罪太后，罢枢密使，出判邓州。二月，因曹利用之故，罢宰相张士逊。吕夷简任宰相，夏竦、薛奎为参知政事。诏以朝廷事简，中书、枢密院听午后五刻出。闰二月，内侍杨怀敏逼死曹利用，利用死非其罪，天下冤之。三月,仁宗谓辅臣曰:“王钦若久在政府,察其所为,真奸邪也!”六月,大雷雨,玉清昭应宫烧毁,刘太后有重修意,范雍、王曾、吕夷简谏止。苏舜钦诣登闻鼓院上疏言天灾。宰相王曾因得罪太后罢,出知兖州。八月,夏竦与吕夷简不相悦,复为枢密副使。十一月初九,仁宗率百官上刘太后寿于会庆殿,乃御天安殿受朝。范仲淹上书反对,疏入不报。

天圣八年(庚午,1030)

资政殿学士晏殊权知礼部贡举,王随、徐奭、张观同知。仁宗御试崇政殿,御试题《藏珠于渊赋》、《博爱无私诗》。状元王拱寿(后更名拱辰),欧阳修、石介、张先、刁约、刘沆、孙抃、王素、田况、蔡襄、孙甫等均于本年进士及第。欧阳修与尹洙、苏舜钦、陈经(后更名陆经)此年定交,与谢绛相识在此年之前。

天圣九年(辛未,1031)

宋绶上书建言群臣对前殿,忤太后意出外。因言事忤太后,曹修古、郭权、杨偕、段少连被贬。欧阳修至西京洛阳,与尹洙、梅尧臣等切磋诗文,渐以文章知名天下。

明道元年(壬申,1032)

因夏竦所请,诏李淑、郑戬同注《三宝赞》。以门下省为谏院,宋置谏院自此始。殿中丞滕宗谅、秘书丞刘越上封事,请太后还政,皆不报。西夏赵德明卒,子元昊立,契丹册之为夏国王。欧阳修在洛阳钱幕与尹洙竞作《临辕馆记》。

明道二年(癸酉,1033)

刘太后崩。林献可曾抗言请刘太后还政,被流岭南,至是迁为三班奉职。召范仲淹赴阙，欧阳修作《上范司谏书》，激励范仲淹进谏。刘沆直集贤院、赠曹修古右谏议大夫，二人均于太后听政时，鲠直敢言。赠刘越右司谏。仁宗废郭后，孔道辅、范仲淹因伏阁请对被贬。

景祐元年（甲戌，1034）

高若讷为殿中侍御史里行，殿中侍御史里行始于此。元昊败宋军。滕宗谅疏谏内宠，语太直切，与庞籍并坐言禁事不实贬官。范仲淹建严先生祠堂，有《严先生祠堂记》。石介贻书王曾，言仁宗好近女色事。欧阳修、尹洙因王曙之荐，得任馆职。此年欧阳修与晏殊唱和，结识杜衍、郑戬。石介撰《怪说》三篇及《中国论》。钱惟演是年卒。

景祐二年（乙亥，1035）

祀天坛圜丘，大赦天下，录唐、梁、后唐、晋、汉、周五代及诸国后。范仲淹权知开封府，京师肃然称治。欧阳修有《上杜中丞论举官书》，谓石介不当以言事罢。是秋，欧阳修两致书石介，责其书法怪异、持论过激。

景祐三年（丙子，1036）

胥偃数纠范仲淹断案立异不循法，与欧阳修渐生嫌隙。范仲淹言事无所避，因上"百官图"和作"四论"，触怒吕夷简，落职知饶州。余靖、尹洙、欧阳修因支持范仲淹被贬。西京留守推官蔡襄作《四贤一不肖诗》传于时。元昊改元大庆，创制西夏文字，尽有河西之地，谋犯宋境。欧阳修贬夷陵，途中有《泗州先春亭记》、《读李翱文》等，至夷陵有《夷陵县至喜堂记》、《黄杨子赋》等作品。苏轼生于是年。

景祐四年(丁丑,1037)

范讽饮酒自纵,所与游者,皆慕其所为,时号“东州逸党”,颜太初作《逸党诗》刺之。元昊大兴军备,署置百官,策划反宋。欧阳修视《戏答元珍》为得意之作,在其《与荆南乐秀才书》中抨击时文,主张古文创作应“彬彬有两汉之风”,“有卓然自立之言”。欧阳修致书尹洙,邀其共撰《五代史》。此年,欧阳修作《易或问》、《明用》、《易童子问》,首倡经学研究新风。

宝元元年(戊寅,1038)

元昊请遣人供佛五台山,实欲窥河东道路。元昊受册称帝,号大夏皇帝,改元天授礼法延祚,遣使来告。诏缘边禁与元昊互市。能捕元昊刺事者,赏钱十万。

宝元二年(己卯,1039)

元昊遣使赴京师上反书,要求仁宗册其为南面之君。徙余靖、尹洙、欧阳修。胥偃八月卒,欧阳修致书刁约,深表哀悼。十一月,谢绛卒。

康定元年(庚辰,1040)

元昊大败宋军,擒李士彬、刘平等。夏竦为陕西经略安抚使,范仲淹为副使。尹洙上疏论兵事,并请行鬻爵之法。郑戬、丁度、叶清臣反对尹洙之策。复欧阳修为馆阁校勘。夏竦遣韩琦、尹洙上攻守二策。范仲淹举荐欧阳修为经略府掌书记,欧阳修以避嫌辞命。

庆历元年(辛巳,1041)

西夏在好水川击溃宋军,宋军指使及军校死者数百人,军士死者六千余人。张方平上疏，建言朝廷宜因南郊大礼而抚元昊，仁宗喜曰："是吾心也。"吕夷简读之，拱手曰："公言及此，社稷之福也。"此年二月，欧阳修与李淑、宋祁、王洙、刁约、王举正、杨仪宴集东园，赋诗为乐。十二月，晏殊置酒西园赏雪，欧阳修即席赋诗，引起晏殊不快。

庆历二年(壬午,1042)

仁宗以西边诸将数有战功，特召见之。狄青因敌寇渭州急，不便离边，仁宗命图其形以进。西夏入侵，宋军败于定川寨，大将葛怀敏死之。是年夏，石介为国子监直讲，以师道自居，四方学者从之甚众。

庆历三年(癸未,1043)

正月，西夏上书请和，诏许之。晏殊擢欧阳修为谏官。欧阳修、王素、余靖、蔡襄，号为"四谏"。仁宗多次督促范仲淹，韩琦、富弼条奏当世急务，范仲淹条陈十事。十月，田况累言滕宗谅、狄青过使公用钱。石介是年作《庆历圣德诗》。

庆历四年(甲申,1044)

用王拱辰之言，徙滕宗谅知岳州。"争水洛城事"成为此年政治热点。内侍蓝元震劾奏范仲淹、欧阳修等人结党营私，欧阳修撰《朋党论》。六月，夏竦伪造石介文字，诬陷富弼等人谋废立。从余靖之请，诏罢天下学生员听读日限。十一月，"进奏院狱"兴。十二月，册命元昊为夏国主。

庆历五年(乙酉,1045)

范仲淹罢参知政事，出知邠州，富弼罢枢密副使，出知郓州，杜衍亦被罢，出知兖州。韩琦罢枢密副使，出知扬州。欧阳修上书论杜、韩、范、富之贬，疏入不报。八月，谏官钱明逸、开封知府杨日严兴“张甥案”，欧阳修因之被贬滁州，赵槩、张方平曾为之辩白。

庆历六年（丙戌，1046）

二月，张方平上疏批评“太学体”。范仲淹作《岳阳楼记》，欧阳修作《醉翁亭记》、《丰乐亭记》、《梅圣俞诗集序》等。

庆历七年（丁亥，1047）

侍讲杨安国言“三虎”、“四瞪”事，降薛绅等人，因其“侦取州县细过”、“亟疾苛察”等，其中，杨紘、王绰、王鼎乃范仲淹所选任。六月，夏竦又谗石介未死，朝廷复诏监司体量。张昪、何郯尝极论其事，批评夏竦。滕子京、尹洙、刘沪卒于是年。

庆历八年（戊子，1048）

宫廷宿卫有变，夏竦请御史同宦官即禁中鞫之，丁度固请付外台穷治，仁宗卒从竦议。何郯上书论邪正，言夏竦“人之无良，一至于此”。李淑《周陵诗》有“不知门外倒戈回”之句，为陈尧佐之子求古告发，下两制及台谏官参定，皆以谓引喻非当，遂落翰林学士。十二月，苏舜钦卒于苏州。是年元昊卒，幼子谅祚嗣位。

皇祐元年（己丑，1049）

夏竦兼侍中，郑戬为奉国节度使。富弼、韩琦并加资政殿大学士，何郯、陈旭言“近时典故，未见此比，物议喧然，不知其由”。仁宗谕郯、旭等以朝廷宠念旧臣，特与改官，即非常例也。诏杨怀敏为内侍副都知，胡宿当制，封还词头。

皇祐二年(庚寅,1050)

诏以大庆殿为明堂,大飨天地,众官得迁。外戚张尧佐为宣徽南院使、淮康节度使、景灵宫使,后又加张尧佐同群牧制置使,赐其二子进士出身。包拯、王举正谏止不得。王举正于退朝时留百官廷诤,复率殿中侍御史张择行、唐介及谏官包拯、陈旭、吴奎于仁宗前极言,且于殿庑切责宰相。仁宗怒,大臣莫敢言,独梁适进曰:"台谏官盖有言责,其言虽过,惟陛下矜察。然宠尧佐太厚,恐非所以全之。"

皇祐三年(辛卯,1051)

仁宗以吕公弼颇有政绩而迁之,陈旭反对,公弼乞罢,仁宗曰:"古之君子贵乎几谏,今则务讦人阴私,以沽直名,朕不取也。"眉州彭山县上瑞麦图,仁宗曰:"尝禁四方献瑞,今麦秀如此,可谓真瑞也。其赐田夫束帛以劝之。"无为军献芝草三百五十本,仁宗曰:"朕以丰年为瑞,贤臣为宝,至于草木虫鱼之异,焉足尚哉!"冯道曾孙上冯道官诰二十通,乞录用。仁宗曰:"道相四朝,而偷生苟禄,无可旌之节,所上官诰,其给还之。"

皇祐四年(壬辰,1052)

诏开封府:"比闻浮薄之徒,做无名诗,玩侮大臣,毁骂朝士,及注释臣僚诗句,以为戏笑。其严行捕察,有告者优与恩赏。"五月,范仲淹卒,仁宗嗟悼久之。是年侬智高破邕州,建大南国。

皇祐五年(癸巳,1053)

正月,狄青大败侬智高,广南平定。二月,广南捷书至,仁宗大喜,谓宰相庞籍曰:"青破贼,卿议之力也。"遂欲擢青枢密使、同平章事。籍以为不可，力争之，乃罢。欧阳修是年编定《五代史》初稿。

至和元年（甲午，1054）

贵妃张氏薨，追册为皇后。九月，欧阳修邀王安石相见，互有赠诗。吕溱、王洙并为翰林学士。员外擢洙，议者非之。十一月，张方平知益州到任，访知苏洵。

至和二年（乙未，1055）

文彦博、富弼为相，张昪任御史中丞。富弼、欧阳修、张昪并在朝，士大夫谓“三得人”。欧阳修请自今两制、两省以上，非因公事不得与执政相见，及不许与台谏官往还，范镇上言反对。梅尧臣是年丁母忧居宣城，秋赴京师，有《和丁元珍见寄》、《留别李君锡学士》诸诗。王安石为余靖撰《桂州新城记》。

嘉祐元年（丙申，1056）

梅尧臣返京，以赵槩、欧阳修之荐，除国子监直讲。有《和永叔感兴五首》、《送石昌言使匈奴》诸诗。五月，三苏抵京，苏洵上书欧阳修，欧阳修荐之于朝。六月二十五日，京师大雨，坏太社、太稷坛。欧阳修上疏论水灾，请立皇子、罢狄青。后又再次上疏请罢狄青。八月，狄青罢枢密使。包拯权知开封府。是年，苏辙撰《上枢密韩太尉书》，提出“文气”说。

嘉祐二年（丁酉，1057）

正月，欧阳修权知贡举，王珪、梅挚、韩绛、范镇同知。是科状元章衡，苏轼、苏辙、曾巩、程颢、张载、吕惠卿、蒋之奇等中是榜。欧阳修痛惩“太学体”文风，文体自是稍变。欧阳修等六人在贡院唱和,《归田录》云:“自谓一时盛事,前此未之有也。”杜衍、狄青、王洙卒于是年。

嘉祐三年(戊戌,1058)

六月,欧阳修权知开封府。王安石为度支判官,献万言书,极陈当世之务。十二月,苏洵拒绝召试,但上书仁宗,提出改革吏治、恢复武举等建议,与王安石万言书意见相左。仁宗御崇政殿,召近臣观河南府所进芝草,曰:“今日嘉雪,大滋宿麦,其瑞大胜芝草也。”即赐喜雪燕于中书。

嘉祐四年(己亥,1059)

正月,知开封府欧阳修请罢放灯,从之。王琪校勘杜甫集,撰《杜工部集后记》。苏洵撰《上欧阳内翰第四书》。八月,蔡襄撰《荔枝谱》,欧阳修《秋声赋》撰于是月前后。苏轼撰《南行前集序》。梅尧臣是年同修《唐书》。王安石作《明妃曲二首》,欧阳修、司马光、曾巩、刘敞皆有和诗。

嘉祐五年(庚子,1060)

七月,欧阳修等上所修《唐书》二百五十卷。八月,以苏洵为秘书省试校书郎。十一月,以司马光、王安石同修起居注。光五辞而后受,安石终辞之。十二月,欧阳修举曾巩充馆职。王安石是年编《唐百家诗选》。梅尧臣、江休复卒于是年。

嘉祐六年(辛丑,1061)

七月,仁宗御崇政殿,策试贤良方正能直言极谏者王介、苏轼、苏辙。轼所对入第三等,介第四等,辙第四等次。八月,欧阳修自编《内制集》并为之序。闰八月,欧阳修为参知政事。宋祁卒于是年。

嘉祐七年(壬寅,1062)

欧阳修提举三馆、秘阁写校书籍。九月,以皇子为齐州防御使,进封巨鹿郡公。十二月,仁宗两幸天章阁观御书,作观书诗赐群臣。包拯卒于是年。

嘉祐八年(癸卯,1063)

三月,仁宗暴崩于福宁殿。四月,英宗即皇帝位。因英宗病,皇太后曹氏垂帘听政。

后　记

这本小册子终于可以和读者诸君见面了。

虽然这不是我第一部宋代文史著作，但还是忍不住有些激动——从2007年动笔算起来，这部书断断续续写了八个年头，真是一个漫长的旅程啊！说写作快乐那是矫情，其实有不少时候感觉很累。

书的名字已更换了数次，从最初的《红袖添香夜读书》到《毕竟是文人：大宋文人往事》，最后改作现在的名字——《红袖添香夜读书：北宋文人往事》。写作地点更是天南地北、辗转多地，动笔时复旦大学北区里已桂花飘香，定稿时西弗吉尼亚山居外正燕语莺啼。

全书写了十一个北宋文人，有的我们或许很熟悉，像欧阳修、王安石、苏东坡，读到他们就像遇到老友；有的可能略生疏了些，比如陶縠、徐铉、王禹偁，就当我向大家推荐的新朋友吧！这十一个人都是北宋王朝领一代风骚的人物，他们聚到一起，几乎可以撑起一部北宋文学史。

感谢人民文学出版社的编辑，他们自2010年就开始关注此书，数年来多次打电话询问写作进度。感谢家人、师友和热心读者，他们的鼓励使我能为此书坚持这么长时间。

写这段文字时，窗外那家北方红雀歌声宛转悠扬，它们已经陪伴了我整整一个春天；一阵阵槐花清香正透过绿窗纱，浸润着此间的分分秒秒。

这一切让我心静如水，我也谢谢它们。

李　强

2015 年 5 月 15 日于美国西弗吉尼亚山居